AF189215

Michael Göbel

Ruhrpottisch für Anfänger

Das ganz andere Wörterbuch

FSC
www.fsc.org
MIX
Papier aus ver-
antwortungsvollen
Quellen
Paper from
responsible sources
FSC® C105338

Bibliografische Information der Deutschen Nationalbibliothek:
Die Deutsche Nationalbibliothek verzeichnet diese Publikation
in der Deutschen Nationalbibliografie; detaillierte bibliografische
Daten sind im Internet über abrufbar.

Copyrigth © 2017 bei Michael Göbel

Alle Rechte vorbehalten.
Die Verwendung von Text und Bildern, auch Auszugsweise,
ist ohne schriftliche Zustimmung des Autors (Urheber)
urheberrechtswidrig und strafbar.
Dies gilt insbesondere für die Verwendung in elektronischen Medien,
Systemen und für die Vervielfältigung

Cover Foto: Pixabay
Herausgeber: Manuela Göbel
Autor: Michael Göbel
Layout: Michael Göbel
Quellen: Auszüge aus Wikipedia, Langenscheidt Ruhrpott-Deutsch,
überwiegend eigene Wortkenntnis

Herstellung und Verlag:
BoD – Books on Demand, Norderstedt

ISBN: 9783744822930

Inhalt

Über 1420 Worte und Begriffe aus dem pöttischen in Reimen erklärt, wobei jeder Zweizeiler am Ende in Ruhrpottisch gehalten ist, um euch die Sprache etwas näher zu bringen. Und zu jedem einzelnen Buchstaben gibt es eine lustige Geschichte (Döneken), in dem alle vorkommenden Begriffe des jeweiligen Buchstaben zuammengefasst und aufgeführt sind. Da es im pöttischen keine Worte mit „x" und „y" gibt, sind es insgesamt vierundzwanzig lustige Geschichten.

Vorwort

Hallo, meine lieben Leserinnen un Leser!

Wie ihr ja bestimmt aus eigener Erfahrung wisst, war es uns in der Kindheit verpöhnt, Ruhrdeutsch oder Ruhrpottisch zu sprechen. Es wurde uns damals in der Schule das hochdeutsche beigebracht und es war uns verboten worden im Unterricht Begriffe aus dem pöttischen zu benutzen. (So war es jedenfalls bei mir). Dadurch kam das pöttische immer weniger zum Vorschein, aber es wurde von mir nicht ganz vergessen, da die Elter und Großelter weiterhin viele Vokabeln der Ruhrpott-Sprache benutzten, was bei vielen anderen nicht der Fall war.

Als ich damals 1980, meine Lehre auf der Zeche General Blumenthal in Recklinghausen begann, wurde es teilweise wieder ins Leben gerufen, da dort viele ältere Bergleute, aus den verschiedensten Städten und Regionen des Ruhrgebiets arbeiteten (malochten) und noch die Pottsprache sprachen. Ich hatte anfangs zwar noch Schwierigkeiten alles zu verstehen, aber nach einiger Zeit fiehlen mir die Begriffe wieder ein und ich benutzte sie auch. Es wurde mit den Jahren immer mehr und als ich 2013 in Anpassung ging, habe ich mich dann dem ruhrpöttischen verschworen und möchte, dass die Pottsprache nicht ausstirbt und dem Ruhrpott erhalten bleibt, denn es ist ein Stück Kulur und gehört zum Ruhrpott, wie die Zechen mit ihren Fördertürmen und die Industriekultur dazu.

Ich fing also an, Gedichte mit pöttischen Wörten und Begriffen zu schreiben und veröffentlichte diese bei Facebook. Meine Fangemeinde stieg rasannt an und ich übersetzte und schrieb aus lauter Spaß an der Sprache, von den Gebrüdern Grimm, die

Märchen auf Ruhrpottisch um. Seither dachte ich mir, stelle doch jede Woche einmal neue Ruhrpott-Begriffe ins Netz und vereime die Bedeutung. Dies tat ich jeden Dienstag und es ging über 100 Monate so. Ich sammelte in der Zeit insgesamt 1212 Worte und Begriffe aus dem ruhrpöttischen und stellte sie ein. Dadurch enstand mir und vielen anderen die Idee, dies als Wörterbuch herrauszubringen und noch mehr Menschen daran teilhaben zu lassen.

Und hier ist es nun!
Das etwas andere Wörterbuch **„Ruhrpottisch für Anfänger"**

Ausser den 1212 Begriffen aus dem pöttischen, die ich schon bei Facebook veröffentlicht hatte, habe ich noch einige mehr zusamengetragen. Es sind etwa über 1420 Worte und Begriffe zusammengekommen und werden am Ende, jedes einzelnen Buchstaben, nochmals in einem seperaten Döneken (lustige Geschichte) erwähnt und wünsche viel Vergnügen beim lesen und lernen.

Ich wünsche noch viel Spässken an dem Büchsken und lest doch bitte im Anschluß auch die Entsehung der Ruhrpott-Sprache und ihre Ruhrpott-Grammatik, es ist sehr lehrreich!

Tüsskes und bis denne

Euer Michael Göbel

Die Entstehung der Ruhrpott-Sprache

Als ruhrdeutsch wird der mündliche Sprachgebrauch im Ruhrgebiet bezeichnet, die in der Region auch Pott bzw. Ruhrpott, ruhrpöttisch oder Kumpelsprache genannt wird. Es handelt sich um eine am Ende des 19. Jahrhunderts entstandene Sprache, sie weist viele Einflüsse der niederdeutschen und westfählischen Mundart auf. Diese Einflüsse betreffen den Satzbau, den Wortschatz und die Lautung. Hinzu kamen geringe Einflüsse aus dem Jiddischen, der Arbeitsmigranten aus Oberschlesien, Masuren, Polen, Slowenien und aus den gesellschaftlichen Randgruppen auf.

Eine Abgrenzung zu den Sprachvarietäten des Ruhrgebiets ist schwierig. In den westlichen Städten wie Duisburg, wo die städtische Umgangssprache niederrheinisch mitgeprägt ist, klingt das Ruhrdeutsche daher anders als in Dortmund, wo mehr westfälische Einflüsse hervortreten. .Zur Entstehung des Ruhrdeutschen wurde vielfach behauptet, es sei aus einem Mischungsprozess entstanden, analog zur Zuwanderung von Arbeitsmigranten im Laufe der Industrialisierung Ende des 19. Jahrhunderts. Aber in Wirklichkeit handelt es sich um eine Einheimische Entwicklung um 1900.
Es wurden die plattdeutschen Dialekte vom Hochdeutschen abgelöst, in einem Prozess, der jahrzehntelang dauerte.
Die Zuwanderer, die traditionell für den Entstehungsprozess verantwortlich gemacht werden, waren damals zum Großteil noch gar nicht anwesend.

Die ursprünglichen westfälischen und niederfränkischen Mundarten des Ruhrgebiets sind heute nahezu vollständig durch das Hochdeutsche abgelöst worden. Auffällig ist, dass sich dabei die Sprache in einzelnen Städten des Ruhrgebiets teilweise unterschiedlich entwickelt hat, z.b. in Essen-Nordost, einer Region mit starker Zuwanderung aus dem Osten, wird mehrheitlich Ruhrdeutsch gesprochen. In Essen-Südwest, südlich der Uerdinger Linie, mit einer Region starker Zuwanderung von Webern aus dem Aachener Raum spricht man mehrheitlich Rheinisch.

Weitere Mundarten

. Kölsch: *Kappes* = Mistzeug, schlechte Idee (ursprüngl. Kohl)
• Berlinerisch: *töfte* = prima, klasse
• Ostpreusisch: *Lorbass* = Schlingel
• Gesellsch. Randgruppen: *Schore* = Hehlerware,
flöten gehen = verloren gehen

Weitere Sprachen

• dem polnischen: *Mottek (młotek)* = Bergmanns-Hammer
• jiddischen: *Maloche* = Arbeit, *Massel* = Glück
• Russisch: *rabotti* = arbeiten!, lasst gehen!
• Französisch: *aussm Lamäng* = aus dem Handgelenk
• Englisch: *Wollwott* = Woolworth
• Italienisch: *pickobello* = tipptopp; *allet paletti* = alles klar
• Spanisch: *mit Karacho* = mit hoher Geschwindigkeit,
• Türkisch: *Eschek* = Esel; *Aische* = junge türkische Frau,

Diese Einflüsse sind zahlenmäßig gering, aber viele Ausdrücke sind jedoch auch in den anderen überregionalen deutschen Umgangssprachen geläufig.

Bergarbeitersprache

Ein nicht geringer Teil des Alltags-Wortschatzes im Ruhrpott stammte aus dem Bergbau- und der Industriearbeiterkultur. Aber durch den Rückgang der Montanindustrie ziehen sich damit verbundene Wörter und Redewendungen mehr und mehr aus dem Ruhrdeutschen zurück wie:

Pappa, hol mich vonne Zeche,

dat Gedinge kaputt machen,

Hängen im Schacht,

Mutterklötzken,

unter Tage,

vor Kohle,

Schicht am Schacht

u.v.a.

Ruhrpott-Grammatik

Besonders im westfälischen Ruhrpottdeutsch wird das „r" unter anderem praktisch durchgängig durch ein „a" ersetzt:
Kiiache = *Kirche,* ***Dooatmund*** = Dortmund, ***Eade*** = Erde, ***Vatta*** = Vater, ***Kinda*** = Kinder; ist eine Aussprache-erscheinung, die üblich ist.
Hier im Ruhrdeutschen ist die r-Vokalisierung jedoch stärker betoffen und wird als gelängtes „a" gesprochen. So sind das warten und waten = ***waaten*** ebenso wie Bart und Bad = ***Baat*** oder Start, starrt = ***Staat,*** in der Aussprache praktisch nicht zu unterscheiden sind.

Der Vokal vor silbenauslautendem „r" wird oft halb gelängt: ***Steean*** (Stern), auch ***Stääan; Spooat (Sport), Gelsenkiiachen,*** auch hier gibt die Doppelschreibung der Vokale die nur halbe Vokalverlängerung unzureichend wieder.
Bei den Vokal „u", in der Kombination „urg" bzw. „urch" wird das „r" gebietsweise durch „i" vokalisiert: ***Düüsbuich, duich, fuichbaa*** (Duisburg, durch, furchtbar)

Endungen von Wörten mit "s" nach einem „a", werden durch ein „t" ersetzt: (was) = ***wat*** – (das) = ***dat*** – (etwas) = ***etwat***

Auffällig ist in der Aussprache das „au, ei, eu, äu" vornehmlich im westfälischen Teil des Ruhrdeutschen, bei denen der erste Vokal leicht gelängt wird:
„wolln ma so saagen" - „waisich au nich"
Auch hier übertreibt die Vokalverdoppelung in der Schreibung das Verhältnis der Längen in der tatsächlichen Aussprache (bei Manger kam das annähernd hin).

Lange Vokale werden im westlichen und südlichen Ruhrgebiet oft verkürzt: **Farratt** (Fahrrad), **Bannoff** (Bahnhof), **Vatta** (Vater), **Omma** (Oma), **Oppa** (Opa), Und zum westfälischen Sprachraum hin wurde immer stärker gedehnt.

Umgekehrt gibt es im lexikalischen Bereich und bei den Wortzusammenziehungen eine größere Zahl von Lautumgebungen, bei denen an der Silbengrenze auf einen Kurzvokal ein stimmhafter Konsonant, geschrieben als Doppelkonsonant, folgt. Einige Beispiele für diese Eigenart im Ruhrdeutschen sind:
habbich (habe ich), **abknibbeln** (mit den Fingernägeln entfernen, **Dubbels** (zusammengeklappte Butterbrote), **aufribbeln** (verstrickte Wolle aufräufeln), **feddich** (fertig), **wadde ma** (warte mal), **Mudda** (Mutter), **Maggarine** (Margarine), **krirrich** (krieg' ich), **marrich** (mach ich), **et fisselt** (in feinen Tröpfchen regnen), **Dussel** (gedankenloser Mensch), **Ääwinn** (Erwin).
Das Merkmal gilt nicht generell, ein norddeutsches biddee (bitte) kann im Pott schon mal als **bidde** oder **büdde** ausgesprochen werden, normalerweise aber sagt man bitte.

Das Lautphänomen Kurzvokal + stimmhafter Konsonant lässt sich beim „s" Laut mit der üblichen nicht lautschriftlichen Rechtschreibung, die sich an die deutsche Standard-Orthographie anlehnt, nicht adäquat wiedergeben: „ss" ist nach neuer Rechtschreibung immer stimmlos, in Wörtern und Kombinationen wie **Massel, Brassel, fisseln, issa** (ist er), **Schussel, Dussel,** mussa, **krüsselich** (kraushaarig) u.v.a. wird es im Ruhrdeutschen aber stimmhaft gesprochen.

In einer Reihe von Wörtern tritt „pf" als „pp" auf:

Zieh den Kopp ein - Ich hab rechts nen Gips un kann nua noch auf eim Bein hüppen - Kannze dat noch innen Koffa reinstoppen?

Gelegentlich wird der Laut „ j" durch „g" ersetzt:
getz un geedn Tach un geedn Tach (jetzt und an jedem Tag).
Die oft als typisch ruhrdeutsch angesehene Aussprache des auslautenden „g" wied als „ch" in den Wörtern wie:
König ***(Könich***), wenig (***wenich***), ferig (***feddich***), stutzig (***stutzich***), assig (***assich***) ist allerdings hochsprachlich richtig.

Abweichungen von der Hochsprache ergeben sich etwa bei Wörtern, wo das Endungs-g einem "r" folgt und es wird im westlichen Teil wie ein „ch" ausgesprochen, wie beispielsweise in *Duisburg* (***Düüsbuich***)*, Hamburg* (***Hambuach***)*. Auch hier benutzten ältere Sprecher im östlichen Ruhrgebiet statt des palatalen „ch" häufiger den velaren ach-Laut. Im Übrigen wird endsilbiges „g" auch dort generell als „ch" ausgesprochen, wo dies standardsprachlich nicht möglich ist:
wechtun (weglegen oder wegstellen), ***Fußweech*** (Fußweg); ***mööchlich*** (möglich), ***Anzuch*** (Anzug), ***waach et nich!*** usw.

Die schriftliche Wiedergabe durch das „ch" widerspricht der Orthographieregel der Wortbildkonstanz (wagen – wag es nicht!) *„**waach et nich**"*, anders ließe sich jedoch die von der Standardaussprache abweichende Lautung nicht wiedergeben.
Ebenfalls deutlich abweichend von der hochdeutschen Aussprache: Tag = ***Tach*** (mit kurzem a), sag = ***sach*** (ebenso), mag = ***mach (ich mach keine Suppe)***, Krieg = ***Kriiech***, (mit im Vergleich zum Hochdeutsch tendenziell etwas langgezogenem „i").

Bei einer Reihe von häufig gebrauchten Wörtern entfallen die Endkonsonanten wie:
au (auch), *ma* (mal, beides kombiniert in *auma*), *do* (doch), *no* (noch), *nich* (nicht) und andere.
Dazu gibt es eine Reihe von lustig gemeinten Sprachspielen (Satz mit *wammamaa und hattata? Wammama auf Schalke, hattata gereechnet!*), aber auch alltägliche Muster wie: *annä donnich* (ach nee, doch nicht), *kumma* (kuck mal) oder *waddema eehmt* (warte mal eben).

Typisch für ruhrdeutsche Anwandungen ist die verniedlichung von Hauptwörtern wie:
Haus (*Häusken*), Maus (*Mäusken*), Fenster (*Fensterken*), Spaß (*Spässken*), u.v.m.
Auch typisch für das Ruhrdeutsch ist die Zusammenfassung von Fürwörtern, die einem Tuwort nachgestellt sind, wird aus: „hast du" (*hasse*), „sag mal" (*samma*), „hör mal" (*hömma*), siehst du, (*siehsse*), „auf dem" (*auffm*), „an der" *(anne)* und „in der" *(inne)*.
In diese Kontraktionen lassen sich auch Pronomen und Artikel einbauen für „Hören Sie mal!" zu *hönnsema!*, oder für „willst du ihn/den haben?"' zu *willzen haben*, oder für „willst du ein Pils?" **zu** *willzen Pils?*

Der Gebrauch von „tun" als Hilfsverb und Träger der Person-Endung oder auch die „am" + Infinitiv- Form zur Konstruktion von Verlaufsformen ist ebenfalls verbreitet:
„ich bin am lesen machen" - *„ich tu dich dat nich geben"*
Beides ist im Ruhrdeutschen im Schwinden begriffen.
Formen wie *beier Apotheke* (bei der ...) oder *beien Kindern* (bei den ...) klingen hier schon recht hochdeutsch.

„Echtes" Ruhrdeutsch wäre:
bein Oppa („bei den"), *beie Omma* („bei die"), *bein/beit Putzen* („bei den" oder *„bei dat"*) und *beie Schimanskis* („bei die").

Verben und nachgestellte Personalpronomina verschmelzen regelmäßig.
An der Verbindungsstelle kommt es zu zusätzlichen lautlichen Anpassungen. Hier die Serie mit kommen im Präsens:
kommich, kommsse, kommter, kommtse, kommdet, kommtet, kommwer, kommder, kommter, kommse, kommense.

Unmittelbar folgende Artikel werden nach Möglichkeit in den Verbverband integriert:
dann habbichen eine geklatscht (dann habe ich ihm); *wann hassen denn angerufen* (wann hast du ihm); *kennzen gutet Buch füan Urlaub?* (kennst du ein) und *Finnzet nommaal?* (Findest du das).

Der Genitiv, der insbesondere im Ruhrdeutschen, dort wo immer möglich durch einen Dativ bzw. Akkusativ ersetzt: wegen dem Regen/wegen den Regen, statt wegen des Regens auch: *„Weil dattet am Reechnen is"*.

Während wegen + Dativ auch im übrigen deutschen Sprachraum verbreitet ist, geht das Ruhrdeutsche noch einen Schritt weiter, indem es den sächsischen Genitiv durch die Konstruktion Nomen im Akkusativ + (Possessivartikel + Nomen) im syntaktisch verlangten Fall ausdrückt:
„mein Vatta sein Kabachel" („das alte Haus meines Vaters"), *„den Manni seine Perle"* („Manfreds Freundin").

Umgekehrt werden Prädikatsnomen/Gleichsetzungsnominative und Vokative Namen und Wörter im Anredefall, im Deutschen normalerweise Nominativ gelegentlich durch den Akkusativ ausgedrückt:

Ey, du Doowen! – Ey, Kurzen, komma hier!" – *"Du bissen töften Kerl.*

Akkusativ und Dativ werden in beiden Richtungen vertauscht. So heißt es:

"Gehma am Telefon!" - "Sie! Ich sach' Sie watt!" - "Gehma beie Omma!" - "Wollta mittn Waagn komm?" - "Auffe Aabeit wa heute echt wat los!"

Verbreitet ist auch die Westfälische "Ich bin am Malochen" (Ich arbeite schwer), *"Et is am Reechnen"* (Es regnet), *"mein Alta is am schlaafen machen"* (Mein Mann ist am schlafen) Dieses ist zunehmend in der Standardsprache verbreitet und kann im pöttischen gelegentlich mit einer charakteristischen Erweiterung auftreten:

"Ich bin am Malochen dranne." (Ich bin schwer am arbeiten).
Der Beginn eines Geschehens lässt sich so ausdrücken:
"Et fängt am reechnen!" ("Es beginnt zu regnen").

Diese Verlaufsform kann auch mit anderen Hilfsverben als sein konstruiert werden,
"Mach mich nich dat Hemd am Flattern!" ("Hör auf, sonst krieg ich noch Schiss.")
Passiv-Formen werden seltener gebraucht, und wenn, dann gelegentlich in falsch oder schief konstruierter Weise:
"Hier werden Sie geholfen." – *"Meine Omma is getz in Heim, da krichtse schön gekocht un allet sauber gemacht."*

Auch Präpositionen und Richtungsadverbien können analog dazu redundant benutzt werden und in einer Art Echo-Konstruktion auftreten:

„Stell ma den Schrank dreckt anne Wand ran." -
„Ich bin inz Haus rein" (gegangen).
„Willze nache Omma hin?"

Der Gebrauch der Präpositionen weist darüber hinaus Besonderheiten auf, im mittleren und östlichen Ruhrgebiet wird insbesondere das die Bewegung in eine Richtung anzeigende Wort „zu" häufig durch „bei" ersetzt, wobei entweder der Dativ:

„Ich geh' beim Barras" - *„Ich gehe zur Bundeswehr"* -
„Gehma bei die Omma" - *Gehma beiem Oppa"*

Im Ruhrgebiet, aber auch oft im restlichen NRW geht man öfter mal „nach" dem Krankenhaus und nicht „zum" Krankenhaus, wobei „nach" für längere Entfernungen verwendet wird und „bei" für kürzere Distanzen:

„Komma bei mich bei!" *„Ich geh da nomma mitte Flex bei."*
„Da musse aba nomma beigehn", bedeutet dementsprechend so viel wie „das ist so ja wohl noch nicht fertig".

Im westl. Ruhrgebiet wird das „nach" des Öfteren durch das „im" ersetzt:

„Ich geh im Bett" - (Ich gehe zu Bett)
„ich geh nachm Bäcker" - (Ich geh zum Bäcker)
Auch „auf" kann in dieser Bedeutung Verwendung finden:
„Auf Schalke gehn" , (Besuch im Stadion des FC Schalke 04).

Un nowatt, Ruhrpottisch is kein Dialekt, nee,
dat hat wat mittn Heaazn zu tun, weisse Bescheid, nä!

Das Ruhrpott 1 x 1 von A-Z und Dönekes

-A-

Aalskuhle – ist eine Fäkaliengrube oder Plumpsklo,
hömma, dat sachte man hia früha so.

Aalschöppe/Aalscheppe – eine langestielige Schöpfkelle,
de brauchsse imma, füa alle Fälle.

Aahmt/Ahmd/Ahmt – das ist der Abend,
oda man sacht, einfach nua naabend.

Aasch – ist der Hintern, des Menschen Gesäß,
damit sitzte beim kackn auffm Gefäß.

aasn – das vergeuden oder verbrauchen,
z.B. beim qualmen, viele Ziggis zu rauchn.

äahrlich – heißt ehrlich oder ist es denn wahr
un is eina äährlich, is dat wundabar.

Ääawin/Ähwinn – ist der Männername „Erwin",
so schreipt manz im Pott un nich in Wien.

abdackeln/abdampfen - ist traurig und betrübt weggehen,
wenn eina abdacklt, lassin nua gehn.

abdrücken – die Rechnung oder Schulden bezahlen,
dat macht man nich geane, nua unta Qualn.

abfeiern – das ist Party machen,
da tuhsse viel süppln un au viel lachn.

abfüllen – jemand mit Alkohol betrunken machen,
hömma, dann lässtet abba richtich krachn.

abgelaatscht – dann ist man überall rumgelaufen,
hat nix gefunn un kann sich nix kaufm.

abgelatscht – dann ist man ausgelaugt und sehr erschöpft,
dann hasse dich de Malooche, richtich voageknöpft.

abzocken – sich hinterlistig etwas aneignen, wegnehmen,
ker, dat is nich so fein, du sollz dich wat schämen.

abgezockt/abgezuppt – ist sehr erfahren und durchtrieben,
dann isset ganz klar, dat de Leutz dich nich liebm.

abglucksen – nach Aufforderung verschwinden/abhauen,
dann musse wohl gehn un späta ma schaun.

abklabastern – erfolglose und zeitaufwendiges suchen
un finnze wat nich, dann bisse am fluchn.

abklappern – ist das systhematische suchen und finden,
dann isset voabei un brauchs dich nich schindn.

abknappsen – von dem wenigen Geld noch etwas sparen,
dann kannze viel späta, im Ualaup ma faahn.

Abknöppen/abknöppsen – mit List und etwas abnehmen,
ker, dann sei voasichtich un tu wat untaneehm.

abkönn – wenn man jemanden leiden mag,
dat is ne Person, mittn besondren Schlag.

abnippeln – sagt man, sollte man sterben,
un de ganze Mischpoke, wiad dat Eabe dann eabm.

abplautzen – das rumgammeln auf der Coutch oder Bett,
dat macht man do geane , dat is do ganz nett.

Absacker – ist das letzte Getränkk vor dem Heimweg,
un irgndzwann, inne Poofe mich leeg.

absäbeln – das übereilte und ungeschickte Abschneiden,
dat sollte man tuhnlichst un imma vameidn.

abschleppen – jemanden mit nach Hause mitnehmen,
dat macht man do gean un zeucht vom gutn Benehm.

abseilen – sich verdrücken, sich vor etwas entziehen,
dann gehsse stifftn un biss am fliehn.

Aische – ist salopp für eine junge türkische Frau,
nimmze se alz deutscha mit, gibbet n´ Gau.

abkehren – wenn der Kumpel in Rente geht
un dat alz alz Beachmann, so gaanich vasteht.

Akktive – ist einfach nur die Filterzigarette,
die qualmt der Walla, imma no Kette.

Alsche – abwertend für Frau/ ungeliebte Nachbarin,
meißt isse bekloppt un imma am spinn.

Alta – die Anrede für einen Mensch oder den Mann,
dat sacht man imma, wenn man et kann.

Ambach – das heißt: „Was ist hier los",
meist is dat Theata, imma ganz groß.

amtlich – heißt: „Das ist offiziell",
dat is dann amtlich un au aktuell.

anbaggern – ist ein ganz plumper Flirt,
dann is der Gegnübba, ganz mächtich empöat.

anbölken – das ist wenn man jemanden anschreit,
dann gibbet meist Krach un großn Streit.

andötschen – ist etwas leicht anstoßen oder anschlagen,
dann geht wat im Aasch un groß is dat klaagn.

andüppsen – ist das anfüttern der Fische beim Angeln,
dann kannet de Fischkes an Futta nich mangln.

anflicken – jemand beschuldigen und etwas anhängen
hömma, dat isso, wie inne Ecke zu drängen.

angetüddelt – wenn man leicht angetrunken ist
un dat besaufen gaanich vamisst.

angraben – ist das andere Geschlecht anmachen
un so de Liebe, einma zu entfachn.

ankötteln – sich beliebt machen und einschmeicheln
un andre mit liebe Woate zu steichln.

anpeesn – das schnelle und hastige herbeilaufen,
dann kommze gerannt un eilich gelaufm.

anpflaumen – ist das kurzzeitiges lautes beschimpfen,
da tuhsse den andan, mit laute Woaate ma impfm.

anpieseln – ist das einschmeicheln und heranmachen,
wenn ich sowatt seh, da könnt ich lachn.

anspitzen – eine Aufforderung etwas schnell zu machen/tun,
dat is quasi ein Befehl, sich nich auszuruhn.

anströppen – sich seine Sachen ankleiden,
dat machsse jedn Tach un lässt sich nich vameidn.
antitschen – ohne Beschädigung etwas leicht berühren,
dann geht nix Kaputt un is kaum zu spühren.
antun – ist das hinnehmen oder mitmachen,
dat is meist nich schön un schonn gaanich zum lachn.
Apparillo – ist ein sehr großer Gegenstand,
der is mächtich groß un fast ein Gigant.
Appel – ist der Apfel vom Baum,
issa dann root, dann isset ein Traum.
Appelkahn – damit ist ein kleines Schiff mit gemeint,
un dat salzige Wassa, sein Spinnefeind.
Appelkitsche – ist vom Apfel das Kerngehäuse
un naschn det Nachts, de klein Mäuse.
Appelkraut – das Apfelkraut oder eingedickter Apfelsirup,
dat futtasse gean, willkomm im Clup.
Appeltat – so nennt man hier den Apfelkuchen,
den krisse bei Omma, gehse domma besuuchn.
appillan/appinn – das abschreiben und spicken,
dat machsse heimlich, mit listign Blickn.
applacken – sich abmühen und schwer arbeiten,
dat is ne Malooche, drübba brauch man nich streitn.
apsäbeln – ist das absägen oder abschneiden,
wenn et eima sein muss, lässt et sich nich vameidn.
apschlabbern – nennt man das feuchte Küssen,
dat geht au so weit, mit earotischn Eagüssn.
apsemmeln – ist das schnelle wegrennen oder abstürzen,
dat kann Gefäahrlich sein un dat Leebm vaküazn.
apspacken – salopp für tanzen oder ausgehen,
dat muss ja au eima sein, dat kannz doch vastehn.
Ärpel – nennt man die Kartoffel oder eine hässliche Person,
wer aussieht wien Ärpel, eantet Spott un au Hohn.

Ärpelschlot – das ist der leckere Kartoffelslat,
wenn de Mudda mittn Wüazen nich spaat.

Ascha – heißt: Prügel bekommen,
dann liechsse im Dreck un biss voll benomm,

Asche – ist umgangssprachlich im Ruhrpott für Geld,
un diese Asche, regieat de Welt.

Aschenkippe – nennt man die Müllhalde hier,
wer will schonn dahin, komm süppl nen Bier.

Asipalme – ist ironisch für eine Hochsteckfrisur,
dat is wat füre Frau, der Kerl bekommt ne Rasur.

Asischale – ist salopp für Cyurrywurst Pommes rot-weiss,
ich futta se geane, am liebstn schaaf un richtich heiß.

Assek/Assi – ein Schimpfwort für Asozialer und Prolet,
der Assi is ein Kerl un nich malochn geht.

asselich – ist unsauber, schmutzig, ekelig oder schlecht,
dann isset nich rein un mir äahlich nich recht.

asseln – ist das faulenzen oder rumgammeln,
auffe Kautsch isset schöön, brausse gaanich zu stammln.

Asskeck/asschocke/astschocke – ist gut, klasse, wunderbar,
so sacht man im Pott, is dat getz klaa.

Assi/assich – heißt: dumm, gammelich und unaufgeräumt,
sowatt geht mich auffm Sack, dat de Wut nua so schäumt.

astn – das anstrengen oder abmühen,
un dat abba schnell, biss de Pootn dich glühn.

aufdröseln – das entwirren, auflösen oder aufklären,
dat issn Schisselameng un zu belehrn.

aufdrücken – die Türe öffnen, beeinflussen / durchsetzten,
getz mamma langsam, ich lass mich nich hetzn.

auffe Schicht – wenn man auf der Arbeit ist
un sein zu Hause, ma gaanich vamisst.

aufham – ist das aufhaben oder geöffnet sein,
jau wennse aufham, dann gehmamma rein.

aufkriegn – ist das aufkriegen oder aufbekommen,
un krisset nich auf, dan bisse beklommen.
aufkröppen – sich ärgern oder aufregen,
hömma, dann könnt ich den Kerl, ächt eine feegn.
aufmöbeln/aufmöppeln – schick machen oder verbessern,
dann tuhsset repparian un etwat ausbessan.
aufribbeln – das Garn oder die Wolle entwirren,
dat is ne Maloche, total füare Irren.
aufscheppn – ist das auf oder einfüllen,
getz weisse Bescheit, wat wir so enthülln.
aufschlappn/aufschlööan – die Kleidungsstücke auftragen,
dat machtn im Pott, meist de jüngren Blaagn.
aufschlunzn/aufschlonzn – Kleidungsstücke auftragen,
dat wuad vonne Mudda bestimmt, da musste nich fraagn.
ausbaldowan – das erkunden, erforschen und ausprobieren,
dat machsse mit allm un de Äazte mit Viean.
ausgelutscht – ist äusserlich sichtbar stark abgenutzt,
dann isset meist au im Aasch un ganz schöön vaschmutzt.
ausklüngeln – sich etwas ausdenken und einfallen lassen,
dat is wie eafoaschn un dat muss dann passn.
auskoddan – aussprechen, den Frust von der Seele reden,
dat musse au tun, denn sonnst gibbet Fehdn.
aussenandaklamüsan – ist das entwirren oder analysieren,
dat kann jeeda dafüa musse nich studian.
awatt – ist die Kurzform von: „Ach was",
hömma, dat sachsse eastaunt un nich nua zum Spaß.

Döneken zum -A-

Hömma, da standich *Aahms* im Gaatn un sah dem *Ääawin*
seine *Alsche* mit *Asipalme* am Kopp zu, wiese sich mitte

23

Aalscheppe inne *Aalskuhle* am *applackn* wa, da ihr *Alta* ja wohl *auffe Schicht* wa. Da dachtich mich, weil ich se ja nich *abkann*: „*äährlich* wat hat die ein fettn *Aasch* inne Buxe, da sollse bessa ma beie Wäätwottschas gehn un wat dageegn tun." Ich wollt mich dat ganze abba nich weita *antun* un hap mich abgewendet un meine Malooche weita gemacht un de Bäumke seine Ääste *abgesäbelt*.

Da kam auf eima de *Aische* an un sachte zu mich wat denn *Ambach* is, da sachte ich zu se, dadich de *angedöschtn Äppl* füan *Appltat* aufsamml un de *Ärpels* füan *Ärpelschlot* ausgraam tu. Da wa se ganz vonne Sockn un sachte zu mich, dat ihre Blagn imma mitte *Äppl* so am *aasn* sin un de *Applkitschn* nich *apknabban* tun un dat se den *Applkraut*, dense imma vom Aldi *anschleppt* nich möögn un de Blagn lieba vom Ali-Grill, ne *Asischale* vaspachtln wüadn.
Wiewa so am quatschn waan, mischte sich den *Ääawin* seine *Alte* ein un wollte mich *anbaggan* un fraachte ganz *abgezockt*, opich ihr ne *Akktive abdrückn* könne, da se ja keine bei hat un gestan beim *abfeian* allet vaqualmt un ganz vagessn hat, anne Bude zu gehn um welche zu holn, denn se sei ja noch so *abgelatscht*.
Ker, wa dat wa ne plumpe *anmache* hömma, da meakte ich, datse noch zimmlich *angetüddlt* un *abgefüllt* wa. Abba se hat mich mit List un Tücke de Zichte doch *abgezuppt* un is dann zum Glück alla *abgedacklt*.

Inne Zeit hat sich abba de *Aische* heimlich *abgeseilt* un is *abgedampft*. Se hatte ja nochn bisskenn *Asche* auffe Tasche un wollte allet *apklappan*, wose noch *aufham*, um nochn *Absacka* zu süppln, abba übbaall wa et *amtlich*, dat am *Aahmt* keine *Assis*, die au no *assich* aussehn tun, inne Pinte wat zu süppln bekomm. Hömma, se hat alle Pintn *apklabasstat un* übbaall musste se *abglucksn*, abba da wa noch ne Pinte, un zwaa der „*Applkahn*", da wuad se nich *angebölkt* un fant dat *astschocke*. Se konnte sich beie Leutz *anköttln* un gaap da ne Runde Akwavit aus.

Da kam nache Zeit son Seega bei ihr *angepeest* un hattse *angegraben*, abba se is nich auf de *anmache* von dem heareingefalln un hat den Kerl *angepflaumt* un zu dem gesacht, datta *abglucksn* un lieba de Fische im Kanal *andüppsen* soll, wenna heute nochn Fang machen will.

Der Seega wa nich ganz auffe Höhe weisse un wa sich am *aufkröppm* un wollte ihr wat *anflickn*, dat se wohl den *Apparillo* auffm Klo *abgesemmlt* hätte. Ker, dat wa der *Aische* zu viel vastehsse un der Seega hat von se richtich *Ascha* bekomm. Der is dann bedröpplt *apgesemmlt* un hat sich so *abgefüllt* un *angetüllt* wieja wa, auffe *Aschenkippe* zum Pennen geleecht.

De *Aische* hat sich dann *angeströppt* un wollte nochn bissken inne Disse *apspackn*, da hatse den *Ääawin*, der grade vom *astn* vonne Schicht kam, beim *aufdrückn* vonne Tür kurz *angetitscht* un zu dem gesacht, datse de Türe ganz schlecht *aufkiegn* tut, weilse wohl am klemm is. Nach langem *aussenansaklamüsern* un *auskoddan* vonne Problemkes mitte Tür, sachte der *Ääawin*, dat de Tür wohl *ausgelutscht* sei un allet ma *ausbaldowat* un *ausgeklüngelt* un da anne Tür wohl wat *apgesäbelt* weadn muss.

Dat *aufdrösln* hat ihr so gut gefalln un hat den *Ääawin* sofort den Lappen inne Muhle gesteckt un ihm *apgeschlabbat* un dann zu dem gesacht, datta sich domma *aufmöbln* un nich imma de olln Plörren *aufschlöörn* soll, dat sähe *asselich* un

25

ausgelutscht aus.

„Jau meinze *äährlich* ", hatta da wohl zu ihr gesacht. Un zum Wiiat sachta darauf, datta ma füa se beide wat *aufscheppm* soll, weila sich getz eastma *abfülln* müsse, weil sein besta Kumpel, der Walla, der voa kuazm vom Pütt *abgekehrt* is, plötzlich zu Hause beim *abplautzn* auffe Kautsch *abgenipplt* sei. Dat allet muss getz east ma *aufgedröslt* un *ausbaldowat* weadn, wat da bei dem, in sein Körpa so abging. Ker hömma, un dat ganze *appin* un *appillan* inne Penne un dat *astn* un *abplackn* auffe Maloche ja dann kein Sinn macht, wenne beim *abplautzn*, *apnippln* tuhs. „*Awatt*", antwoatetn se dem *Ääawin*. De *Aische* saß nonne Zeitlang mit ihrm *aufgeschlonstn* un *aufgeribbltm* Ploowa zusamm mittm *Ääawin* anne Theke un konnte dem nowatt *abknappsn* un einige *Absacka abknöppm* un ging dann *angetüddlt* na Hause.

Weisse Bescheit, nä!

-B-

Babbel – ist auf pöttisch der Mund,
dem eima zu halten, dat wäare gesund.
Back – ist das Gefängnis oder salopp für den Knast,
da kommze dann hin, wenne wat vabrochen hast.
Backes – eine heruntergekommene Wohnung,
da zu wohn is keine Belohnung.
Bagaasche – ist die Familie oder eine Gruppe,
ker, de is mir so von schnuppe.
baggern – wenn man jemanden anmacht
un dich dann ganz häämisch auslacht.

26

Balch – ist der menschliche Leib,
dat is dat gleiche, alz wennich Körpa schreip.
Bälger – die Mehrzahl für freche Kinder,
hömma, de eakennt sogar n´ Blinda.
ballern – nennt man das festes schiessen,
is beim Fussball zu genießn.
Balln – das sind die Krapfen, das Ölgebäck,
futtasse zu viele, dann krisse nen Schreck.
Bambule – ist Stress oder Aufhebens machen,
ker, ich könnt ächt drübba lachen.
Bammel – ja, da hat man Angst,
wennze dich so, voa etwat bangst.
bandusen – spaßig herumtollen, sich aufregen, laut schimpfen,
wenn de Blagn bandusn, brausse se nich zu impfm.
Bangbüx – nennt man einen Angsthase,
au du wars schomma in diesa Phase.
Bänksken – ein Bäncken oder eine Fußbank,
se brausse imma füaren Schrank.
Barras – nennt man die Bundeswehr,
de gibbet wie früha, heut nich mehr.
Baselkopp – ist eine vergessliche zerstreute Person,
ich glaub dat binnich, dat kenn ich schon.
basselich – das ist pöttisch für vergesslich,
wenne wat vagisst, isset nich schräcklich.
Batzen – das ist ein großes Stück,
hasse´n Batzn, dann hasse Glück.
Bäuaken – ist das aufstoßen oder der Bauer,
der rülpzt auffm Feld un der Geschmack wa saua.
Bauchfletscher – ist ein missglückte Kopfsprung,
dat liecht dann meist, anne Ausfüahrung.
Bäumken – ist einfach für den Baum,
dat kannze mich ruhich eima glaum.

Becke – das sagt man hier zu einem Bach,
da isset nich tief un dat Wassa ganz flach.
bedeppat – dann ist man nicht ganz bei Sinnen,
ey, da is dann eina am spinnen.
bedröppelt – ist traurig oder enttäuscht sein,
bisse bedröpplt, isset nich fein.
Bedrullje – ist eine missliche Lage oder Situation,
sowatt hatte fast jeeda ma schon.
bedusselt – ist leicht betrunken oder benommen,
in diesa Situazion kann jeda ma kommen.
beeumeln – ist sich belustigen, vor lachen biegen,
hömma, dafüa kannze sogaa auffe Fresse kriegn.
Beinkes – das sind die menschlichen Beine,
dat weisse doch, oda hasse keine?
Beißakes – das sind deine Zähne,
puzte se, dann hasse schöne.
bekaakeln – etwas bereden oder besprechen,
hoffentlich nich, bis zum eabrechn.
beknackt – ist ziemlich doof oder dumm
un keina weiß, eingstlich warum.
bekohlen – ist leichtes lügen oder auch flunkern,
un beiem Pookan, de Asse ma bunkern.
bekrabbeln – das gesund werden und sich erholen,
denn et wuad de Gesundheit gestohln.
bekrakeln – ist etwas bekritzeln oder sinnlose Striche,
da kommt man de Blaagn, ganz schnell auffe Schliche.
bekucken – heißt: Dafür stehe ich gerade, dafür bürge ich,
dafüaannze mich bekucken, dat sarrich dich.
belaatschan – ist jemand überreden oder einlullen,
die sich belaatschern lassn, dat sin ja Nullen.
Bello – ist der Hund oder salopp für Toilette,
dat kennze doch au, ja klaa, jeede Wette.

bematscht – das ist dumm oder verrückt,
wenn eina Äppl vom Biaanbaum pflückt.
Bemme – ist eine dicke, trockene Scheibe Brot,
dat futterste geane, in deina Not.
beömmeln – ist sich amüsieren und lautes lachen,
dat kommt schomma voa, bei manch soichn Sachn.
Berchmannsbraatn – das ist der Brathering,
den gibbet im Glaas, nachdem man ausging.
Berchmannskuh – das ist eine Ziege,
dat leanze im Pott, schonn inne Wiege.
beschruppt – ist verrückt und ziemlich dumm,
hömma, dat isso, neehmet nich krumm.
besselich – heißt ungepflegt und schmutzig,
tuta sich nich waschn, dann wirsse stutzich.
betuddeln/betüddeln – ist das bemuttern und umsorgen,
dat macht meine Olsche, fast jeedn Moagn.
betüddelt – dann ist man beschwipzt, leicht angetrunken,
un hat nonnich, nach Allohol gestunkn.
betuppen – ist das betrügen, jemanden übers Ohr hauen,
dat is fast so, wie dat beklaun.
bimmsn – ist das hauen oder das schlagen,
ma inne Fresse un au im Maagn.
Binsen – ist wenn etwas daneben geht,
hömma dann isset, meist schonn zu spät.
bibbern – ist das frieren oder auch zittern,
wenn wa beie Kälte, auffe Strasse ausschlittan.
Bischek – mit allen Wassern gewaschenes Schlitzohr,
dat ein Bischek betuppt, dat kommt schomma voa.
Blaach/Blage – nennt man im Ruhrpott sein Kind,
weil im Ruhrpott de Kinnas, unsre Blaagn halt sind.
Blagenkröten – so nannte man das Kindergeld,
wat man vonnem Staat eahält.

Blaangzoichs – sind verzogene und ungehorsame Kinder,
hömma dat weiss, doch ein Blinda.

bläddan – ist das weinen oder das heulen,
bläddan de Blaagn, dann hammse Beuln.

blaffm – das schimpfen oder das bellen,
tuhsse mittn Köta ma blaffm, is der Postbote am schelln.

Blaumann – ist der Arbeitsanzug, die Arbeitskleidung,
wennze ein träächs, isset deine Entscheidunk.

blechen – ist viel hinblättern und bezahlen,
ker hömma dadurch, enstehn mir de qualen.

bleibense – das ist eine Bitte dazubleiben,
um mit ihm, weita Spässkes zu treibm.

bluten – ist das bezahlen, hart arbeiten oder büßen,
hömma, der Ruhrpott lässt grüßn.

blubban – nennt man das plappern oder quatschen,
da kannze noch so blubban, ich lass mich nich belaatschn.

Blümchenkaffee – ist scherzhaft für dünner Kaffee,
hömma, da trinksse am bestn ma Tee.

Bohai/Buhai – ist unötiges Aufhebens, Lärm oder Krach,
macht beim Pennen eina Bohai, dann weade ich wach.

Boila – so nennt man die Toilette oder das Klo,
im Pott geht man aufm Boila, dat is halt hia so.

bölken – ist das brüllen und überlautes reden,
hömma, dat machsse au nich mit jeedn.

Böller – ist ein Knallkörper oder eine Kugel Eis,
hömma dat isso, damitte dat weiss.

Bollawasser – das ist das Sprudelwasser,
un wennet süpplz, wiads dich nich blassa.

Bollabux – ist eine zu große, ausgebeulte Hose,
hängt se dich runna, dann isse zu lose.

bollarich – ist ungehobelt, im Umgang sehr grob,
ker, sonnen Seega vadient keinen Lob.

Bollerbude – nennt man die Kneipe oder Diskothek,
da gibbet wat zum süppln, abba kein Steek.
Bollesch – ist das Karnickel oder der Hase
un beide futtan, dat grüüne Graase.
Bolln/Böllekes – der Kinderhintern / die Hähnchenbollen
un Kinda de wat wolln, krieeng wat auffe Bolln.
bolzn – ist das Fußball spielen oder das kicken,
getz weisse Bescheit, lass dich ma blickn.
Bömmelken – der Bommel an der Pudelmütze
un issa nass, viela inne Pfütze.
Bömmskes – ist die Mehrzahl von Bonbon,
se holze anne Bude, dat kennze ja schonn.
Botanik – ist eine unbewohnte Landschaft oder Feld,
da fahr ich öfta ma hin, mit Angel un Zelt.
Bottich – ist ein Behältnis, Eimer oder die Toilette,
dat kennze, dat weissich, ich glaube ich Wette.
Bräätakes – nennt man Bratkartoffeln, ironisch gemeint,
dat is wat zum spachtln, wat keina vaneint.
Braatsche – sind Herpesbläschen oder Pickel,
hömma de krichich, von Pumpanickl.
brabbeln – nennt man das plappern und quasseln,
damit kannze ein Gespräch, so richtich vamassln.
Brackmann – ist ein sehr großer Gegenstand
un der passt nich, in eina Hand.
bralle – ist verrückt, übergeschnappt, betunken sein,
hömma, bisse ma bralle, bisse nich ganz allein.
Brand – hat man wenn man durstig ist
un den lekkren Fusl, zu Haus vamisst.
bräsich – angetrunken oder faul sein,
dann liechste auffm Schisselong un süpplz den Wein.
Brass – ist die Wut oder der Zorn,
is eina brassich, beginnt der Steit von voan.

brasselich – ist umständlich oder aufwendig,
dat is imma so un meistns ständich.

brassich – ist wütend oder zornig sein,
wer brassich is, wiad auma zum Schwein.

Brassel – Unruhe, Stress oder Ärger haben,
dann kannze dich nich, an schönen laabm.

Bratze – eine körper- und charakterlich unatraktive Frau,
wennich ne Bratze seh, mich nich mehr umschau.

Bremsklotz – nennt man die Frikadelle,
se futtat man gean, ma so auffe schnelle.

Brett – Dumm und umgangssprachlich für eine Gitarre,
spielze dat Brett, hol ich ne Knarre.

Brimborium – ist Aufhebens oder Spektakel,
sowatt endet auma, innem Debakl.

Brocken – Kleidung, Sachen, eine große schwere Person,
ker, pack deine Brockn, getz hasse den Lohn.

bröseln – sich mit etwas beschäftigen und werkeln,
is man am bröseln, is man am rumfeakln.

bröttscheln/bruttscheln – etwas schmoren oder braten,
dat is legga, kann ich dir geane varaatn.

brummen – ist für etwas bezahlen, eine Strafe absitzen,
da kam de Diebe, ganz schön inz schwitzn.

Bubu – nennt man das Schlafen
un machsse Bubu, bisse inne Täumkes Haafm.

Büdchen – eine kleine Wohnung, Hütte oder Trinkhalle,
da hol ich de Bömmskes, anne Bude bei Ralle.

Bude – der Kiosk, die Wohnung oder das Zimmer,
manchma höaat man, da leiset Gewimma.

bullan/bollan – das verbrennen und heizen mit Kohle,
dat isso töfte un zum menschlichn Wohle.

Bulle/Bullette – der Polizist, Polizistin und die Frikadelle,
die futtat der Bulle, sofoat auffe Stelle.

Bullenkloster – die Bezeichnung für ein Männerwohnheim,
da wohnze dann mit Kumpels un biss nie allein.
bullich – ist kräftig, massig, sehr warm oder heiß,
is eina bullich, dann mach kein Scheiß.
Brummsuse – ist ein weibliches nörgelndes Kind
un plärrende Brummbusn, junge Mädkes halt sind.
bunkern – ist das heimliche verstecken und sparen,
dann kazze auma, in Ualaup faahn.
Bürschken – das ist der Bursche oder der Bengel,
dat is ein männlichet Blach un hattn Schwengl.
Butta (beie) – die Butter oder eine Sache klären,
tu ma Butta beie Fische un de Sache nich easchwean.
Büttaken/Büttakes – ist einfach nur das Butterbrot,
dat futtaste imma gean, au ohne Not.
buttan – ist eine Frühstückspause machen,
dann schiept man sich de Büttakes, schnell innen Rachn.
Butze – ist ein kleines Haus oder ein Zimmer,
dat is schonn schlimm, abba et geht schlimma.
Buxe – nennt man die Hose
un passtse gut, stellze dich geane in Pose.

Döneken zum -B-

Hömma, da wa da ma sonne *Bagaasche* innem *Backes* am
wohn un der Seega vonne Mischpocke hatte voa nix *Bammel*,
weisse. Abba der musste *bluutn* un einige Taage im *Back
brummen*, weila beie *Bulln*, den *Babbl* nich haltn konnte un de
schicke *Bullette* angemachte. Da wa ne *Bambule* sarrich dich,
denn der höaate nich mittn *baggan* auf. Der Seega wa ja keine
Bangbüxe un er quasslte wie et im im Kopp kam. Seine *Bälga*
hamm au kein beneehm, vastehsse, denn se waan imma inne

Botanik am *banduusn*, auffm Hof am *bolzn un* imma mitte Pocke am *ballan*, oda se *bekrakelntn* allet mit Kreide, weisse. Sein ältsta *Bengl* wa beim *Barras* un wa son richtiga *Baslkopp* un *basselich* inne Biaane. Da saaßa einet Tachs auffm *Bänksken* voam *Back* un futtate de *Balln*, wat de Mudda füa alle gebackn hatte un dat jüngste vonne *Blagen* kam zu dem un sachte, oppa au wat abgeehm tut, denn er sei ja schonn so voll un ihm kääm schonn de *Bäuakes* aufgestooßn. Dat taata dann auch un übbagaap dem jüngsten ein großn *Batzn Balln* ap un *basslte* dummet Zeuchs. Sowatt wie; datta zua Köttlbecke gelaatscht sei un vonne Brücke nen *Bauchfletscha* inne *Becke gemacht hat* un voll auf son *Brackmann* gelandet wäar un ihm getz sein *Balch* wehtun wüade. Der wa so *bedeppat* im Schädl, datta dat selba dran glaubte watta eazählte, weisse. Denn de Schmeazn kam nich vom Köppa inne *Becke*, sondan vom futtan der lekkren *Balln* vonne Mudda.

Der mittlaste Bengel wa ganz schön inne *Bedrulje* gekomm, hömma, denn wat der machte ging voll inne *Binsen*, denn der wa allein auffm *Bäumken* geklettat un kam nich mehr runna. Da saaßa nun ganz *bedröpplt* mit seine Pudelmütze un ließ der *Beinkes* runna baumeln. Sein Bruda, der ihm da sitzn sah, *beömmelte* sich und hielt sich den Bauch. Der mittlaste fand dat *beknackt* un wa mitte *Beissakes* voa *Bammel* am *bibbern*, dat de *Bömmelkes* anne Mütze am *bammeln* waan.

Da kam der *beschruppte* Nachbaa vom *Bullenklosta* rübba un truuch sein *besselichn Blaumann* un der wa total *betüddelt*, um de Mudda vonne *Blaagns* inne *Butze* zu *bekaakeln*. Abba se ließ sich nich *belaatschan*, dafür kannze se *bekuckn*, denn se wa ne tolle Olle un konnte de *Berchmannskuh* allein vasoagn un brauchte dafüa ihrn Nachbaa nich. Der wollte se do nur *betuppen* un übbas Ohr haun, denn der wa son richtiga *Bischek*, der dich den letzn *Berchmannsbraatn* vom Tella zieht, weise. Der Seega machte au imma *Bohai* un wa übba dat *Blaagszeuch* am *bölken*, seine Stimme wa so *bollarich*, dat der *Bollesch* im Stall dachte, er sei inne *Bollabude*.

Innem *Backes* leebte noch ne Familie, bei der *bollerte* der Oofm imma volle Kanone un der *Boila* wa nua ein *Bottich* un et stank da bestialisch, vastehsse. Die Alsche wa ne ächte *Bratze*, hatte imma *Brand* un vasoff de ganzn *Blagnkröötn* un hatte nie ne *Bemme* im Schrank. Se wa meist staak *bedusslt* un *beeumelte* sich imma, weil ihr *Bello* imma am *bluffm* wa, wenna nix an Futta apkrichte, wennse ma am spachtln waan un se de *Bräätakes* mitte *Böllekes* allein verputztn.
De Tussi quasslte imma gean mitte Nachbaan, abba wa wegn ihr Alloholgenuß, de Leutz imma am *bekohln* un sachte, datse sich widda *bekrabblt* hätte un glaupte, dat de Leutz so *beschruppt* wään, un ihr dat abnahm. Se hatte noch drei Gören un *betüddelte* de *Blaagn* nach Strich un Faadn wie sonne olle Glucke. Hömma, abba wennse ma frech waan, gaaps au *bimmsn* un wat auffe *Bolln*. Dann waan de Görn am *bläddan*, sarrich dich. Abba de Mudda hatse meist danach widda *betüddelt* un de *Blaagn* zu nen *Bölla* Eis inne Eisdiele eingelaadn.

De Tussi *blubbate* wien Wassafall un wenn eina gehen wollte, sachte se imma: „*bleibense* noch auffm *Blümchenkaffee*" un holte de süßn *Bömmskes* dazu aussm Schrank, diese vonne *Bude* hatte. Se wa ne Stammkundin am *Büdchen* un holte sich da au de lekkren *Bremsklötze*, denn die waan so töfte hömma un musste au nich viel dafüa *blechn* un bessa hättze die au nich hingekricht, weisse. Einet Tachs abba hatte se sonnen *Brass*

35

auffe Trude vonne *Bude*, datse so *brassich* wiese wa, zu der hinlaatschte un *Brassel* machte un zu der sachte opse *bralle* wäar un ein am *Brett* hätte, denn de *Bremsklötze* waan schlecht geweesn un getz hättese ne *Braatsche* vonne Dinga bekomm. De Trude abba sachte, dat dat nich sein könnte un se nich son *Brimborium* machn soll, denn de **Bulettn** sein sehr *brasselich* inne Heastellung un wüadn imma in frischa *Butta brutscheln*.

Da kam ein *Brocken* von Kerl inz *Büdchen*. Hömma, der wa so schnieke un *bullich* un fraachte mit zaata Stimme, oppa hia *Büttaken* kricht, denn dat *Bürschken* un de *Brummsuse* im Auto hättn Kohldampf, sin am *bläddan* un wolln endlich wat *buttan*. „Nee, *Büttakens* gibbet hia nich", sachte de Trude, „abba *Bömmskes* un *Bremsklötze* hammwa, damit könn se de beiden de Wampe fülln."
Der Kerl verließ dat *Büdchen* un *bunkerte* de gekauftn *Bömmsken* un *Buletten* in seine *Bollabuxe*, de andren *Brocken* hatte der Kawenzmann inne Tüte gepackt un is zurück zum Auto, wo dat *Bürschken* un de *Brummbuse* widda *Bubu* machtn.

Tja so is dat, dat hätt au inne *Buxe* gehn könn, wenn de Trude vonne Bude keine *Bömmskes* un *Bremzklötze* gehappt hätte. Dann wäan de *Blaagen* am pläärn un könntn ich *buttan*, weisse Bescheid, **nä**.

-C-

Clamotten-August – sakastische Bezeichnung für C&A, da gibbet Klamottn, is dat is do klaa.
Cewinski – ist der Kumpel vom Anton,

abba dat wusstesse, ausse Zeitunk ja schon.

Cloppmbuach – ist Peek & Cloppenburg, der Laden,
da krisse kuaze Buxn, dann siehsse de Waadn.

colone – heißt: „Du machst mich verrückt“,
machsse mich colone, bin ich nich entzückt.

Consolidation – war die größte Zeche im Revier,
von da kam de meistn Spiela, füha zu Schalke 04.

Cörrywurst – ist das gleiche wie die Currywurst,
un wenne se vaspachtls, dann hasse Duast.

Cymcyk – ist ähnich wie Hämpel, ein Familienname,
de Olle Cymcyk wa wie de Hämpl un au keine Dame.

Döneken mit -C-

Weisse wat hömma? Da saß der Anton eima mit sein Kumpl
Cewinski inne Pinte am Treesn un se waan am lammentiern,
wohe de bestn Anzüge kriss. Der Anton meinte datte se bei
Peek & *Cloppmbuach* in Recklinghausn kriss un der *Cewinsi*
abba meinte, dattse billiga bei *Clamottn-August* inne Stadt
wään. Dat gelaaba ging abba beide nahea so auffm Sack, weil
keina de bessren Aggumente voabring konntn, weisse, datse
sich ein andret Thema wäähltn un eastma ihr Pilsken süppltn.

Da kam se auf dat leidige Thema Pütt am quatschn un weilse ja
au beide Kumpls un inne Gruube am maloochn waan, wa et dat
Taagesthema schlechthin, vastehsse nä. Der Anton sachte zum
Cewinski, dat de Zeche Zollvaein der größte Pütt im Pott sei,
abba der *Cewinski* hielt dageegn un sachte: „Ker nee, dat wa de
Zeche *Consolidation* weisse, da kam früha de meistn Schalka
Spiela her un dat et Schalke so, ohne *Consol* nich geehm
wüade.“ Woa ja auch Recht hat, sarrich ma, nä!

Et gaap da imma ein hin un hea hömma un ein Pilsken nachm andan weisse, bisse beide so schicka un *colone* im Kopp vonnem gequassl waan unna Hause laatschtn.

Untaweechs hieltn se abba voahea noch anne Frittnschmiede, beim *Cymcyk*, auffe *Cörrywuast* an un süppltn noch ein zwei Pilskes unnen Koan dazu.

„Glück auf" Kumpel Anton un *Cewinski*, woll!

-D-

Dachhase – ist eine Katze
un se hat, ne weiche Tatze.
Dachtel – ist eine Ohrfeige,
dat gehöat beie Bulln, zua ne Anzeige.
dachteln – das feste hauen oder schlagen,
ker dat soll, sich ma eina waagn.
Daddelbude – ist salopp für die Spielhalle,
un kenn de Kröötn, ja wiaklich wohl alle.
daddln – das spielen am Computer oder am Automat
un wer viel daddlt ‚hat ein am Draht.
Dadderich – ist das zittern in Fingern und Händen,
manchma ziehtzdich, au biss inne Lendn.
Dämel/Dämlack – ist ein Trottel, den nennt man so,
der füahrt sich auf, alz wäara im Zoo.
Dätz/Deetz/Dassel – das sagt man alles zum Kopf,
egaal oppa mit, oda ohne Zopf.
Deckel – seine Zeche in der Kneipe anschreiben lassen,
doch der Deckl, wuad einem niemalz erlassn.
dengeln – ist anschieben, antreiben, hangeln und stoßen,
dat machen nich de kleinen, nee dat machen de großn.

Deputatkohle – ist die Naturalienleistung für Bergleute,
hömma, Depputaat gibbet no heute.

Deubel/Deibel – nennt man den Teufel hier im Pott,
abba dat is nich, der liebe Gott.

dibbern – etwas auskuntschaften, fühlen oder bemerken,
dat kann dich den Rückn au eima stääkn.

dicht – heißt: „bist du noch ganz gescheit",
bisse nich ganz dicht, dann isset schonn soweit.

Dingen – das ist eine ganz bestimmte Sache
un son Dingen, is keine Panikmache

Dingens – ist die Bezeichnung für ein vergessenes Wort,
dat is ein entfalln un nun isset foaat.

Disse – so nennt man die Discothek,
da trifft sich de Juugnd un geht sich nich aussm Weg.

dittschn – ist ein leichtes anstoßen gegen irgendwas,
au wennet nua leicht wa, marret kein Spass.

Docht – nennt man die Zigarette
unnen Docht raut man auf Kette.

döddelich – ist ungeschickt oder benommen sein,
ker dat is schitte, dat is nich fein.

Dölle/Dötsche – nennt man eine Beule oder Delle,
die gibbet manchma, ganz fix auffe schnelle.

dolle – ist ein Wort für super und klasse,
dann isset töfte, dat is ja dat krasse.

Donnalittchen/Donnalüttchen – des Erstaunens, ein Ausruf,
den sachsse, wenn eina wat tollet schuf.

Dönekes – sind übertriebene und lustige Geschichten,
da tut sich eina, wat zusamm dichtn.

Döppen/Döppm – das sind die Augen,
weil andre Bergiffe, dafüa nich taugn.

döppen – jemanden den Kopf unter Wasser drücken,
machsse et oft, dann krisse Rückn.

Döppken – das ist ein kleinet Kind,
dat isso schnell, so wie der Wind.

dopsche – heißt: alles prima, alles gut,
dopsche is dat, wat man so tut

dösen – ist das schlummern und leichtes schlafen,
dann bisse schonn, inne Träume sein Haafm.

Dösken – ist ein Dose aus Kunststoff oder Blech,
un sonnen Dösken brauch man für jeedn Zwech.

dösich/dösig – ist dümmlich oder tranich,
abba bekoppt sein, dat geht ja gaanich.

Döskopp/Döspaddel – ist ein Trottel, den man so nennt
un den man übball, ganz wacka eakennt.

Dötze – ist ein kleines Schulkind, ein I-Männchen,
dat geht getz zua schule, an Muddis Händchen.

Dötschauge – ist ein blaues Auge oder Veilchen,
hömma dat bleipt, ein ganzet Weilchen.

drannömmeln – ist etwas bestimmtes anbringen,
dat is irgendzwat, irgendzso ein son Dingen.

Dresche – die elterlichen Schläge oder die Prügel,
ma mittn Puschn oda au mittn Büügl.

Driete/Dritt – ist der Kot, Mist oder der Unsinn,
in diesm Woaat, seh ich kein Sinn.

drög – das heißt soviel wie trocken,
hömma da bisse, sowatt vonne Sockn.

dröge – dann ist es dir zu langweilig,
dann will man wech un haddet eilich.

dröppeln – das ist leichter Regen oder etwas am tropfen,
dann musse dat dröppln, east eima stopfm.

Duast – das ist der Durst,
den bekommsse, nacha schaafm Körrywuast.

Dubbel – eine Doppelte, das zusammgeklappte Butterbrot,
dat futtasse geane au ohne Not.

Dubbeldose – ist die große Butterbrotdose,
hömma de passt nich, in meine Hose.
Dudeln/duudln – ist Musik abspielen / selber Musik machen,
bisse am dudeln, dann lässt et krachn.
dufte – ist ein Wort für gut, klasse und prächtig,
ker is dieset Woaat, nich zimmlich mächtich?
durchfriekel – das durchmogeln oder durchschlagen,
man kann et domma, sohon eima waagn.
durchkauen – ist das lange besprechen und bereden,
ja, un dat, dat gefällt nich jeedn.
dull – ist durcheinander oder unkonzentriert,
un sich so eina, auma blamieat.
Dulle – wenn einer nicht ganz Gescheit ist,
dann machta Tinnef un manchn Mist.
Dullek – einen Dummkopf nennt man so,
der macht meist, ein Griff inz Klo.
Dünnflitsch – das ist einfach ein Wort für Durchfall,
dann gibbet beim kackn, meist n´ Knall.
Duppa – ist der Hintern von einem Kind
un Duppas eehmt Kinnahintan sind.
Düpsen – ist eine kleine Rangelei
un se geht wacka un schnell voabei.
Düse – geht dir die Düse, hast du große Angst,
un voa irgentzwat, dich zimmlich bangst.
Dussel – ist eine Transuse oder ein Pedant,
der ist übbaall un bei jeedn bekannt.
dusselich – wenn jemand trottelich ist
un sein Hirn im Kopp vamisst.
Duwen – sind des Ruhrpottlers Tauben,
dat kannze mich, schonn eima glaubm.
Duwenschlach – das ist der Taubenschlag,
da fliegn de Duwen rein un raus, an jeedn Tag.

Duwenvadda – sagt man zu jemand der Tauben züchtet, un wennse komm, im Duwenschlach flüchtet.

Döneken mit -D-

Hömma, da wa ich einet Tachs, alz et draussn anfing zu *dröppln* inne *Daddlbude* an son *Dinges* am *daddln* un da kam sonn *dusselicha Dämlack* rein un *daddlte* an drei Automaatn gleichzeitich, weisse. Der *Dussel* vazocke seine ganze Kohle un ich dachte mich, den muss man ein voam *Deetz dachtln* un ihm ne fette *Dachtl* vapassn, wennze mich vastehs!? Der *Dullek* wa nich ganz *dicht* im *Dätz* un wa da *Dingen* am *ditschn* un ich fand dat gaanich so *dolle*, hömma. De Aufsicht vonne *Daddlbude* hat dem *Döskopp* au schonn *gedenglt* un zu dem gesacht, datta da keine *Dölle* reinhaun soll. Nache Zeit wuad et mich da abba zu *dröge* hömma un bin abgedacklt.

Alz ich de *Daddlbude* valassn hap, binnich inne Pinte weil et in mein Hals so *drög* wa un ich großn *Duast* vaspüate un wollte mich ein süppln un noch mein *Deckel* bezahln. Da traaf ich den *Duvenvadda* Willi vonne Vooglweide, der sich grade au ein Pilsken kippte. Der Willi issn töftn Kerl weisse un wa Beachmann auffe Zeche, is schonn lange im Ruhestand, bekommt abba weitahin seine *Deputatkohle* vom Pütt, weila ja den Beachmannsvasoagungsschein inne Tasche hat. Da eazählte der Willi widda inne Pinte widda einz von seine *Dönekes*. Un zwaa, dat der fette *Dachhase* vonne Alsche neehman auf sein *Duwenschlach* wa un de *Duwen* gejaacht hat, abba keine von seine Preisgekrööntn gekricht hat. Da sachte ich zum Willi, dat dat *dopsche* wa un datta ja ächt Glück im Unglück hatte. „Jau", sachta da zu mich un wir süppltn zusamm unsre Pilskes un eazähltn unz weitre *Dönekes*.

Neehm de Pinte is ne *Disse*, da treffm sich alle de *dösign Döspaddl* die sich inne Penne beim Abi so *durchgefriemlt* hattn um da zu schwoofm oda watse da noch so füan *Dritt* machn. Füa mich isset nix mehr weisse, dat rumgehüppe un dat laute ge*duudl* geht mich sowatt von auffm Sack, vastehsse, da solln sich de jungn Leutz allein vagnüügn. Abba dat kamman ja *durchkaun* wie man will, füa mich sinn se da alle *Dulle* im Kopp, die da reingehn tun. Ker, wie oft hasse schonn gehöaat, dat et da wat auffe *Döppen* gibbt un ich hab kein Bock mittn *Dötschauge* duache Gegend zu laatschn. Nich datte getz denkz, dat mich de *Düse* geht, nee so isset nich, da lass ich mich lieba im Schwimmbad vonne Blagn *döppen*, alz dat *duudln* der Mukke vonne Göan zu höaan.

Alz ich na Hause kam, wa de Trulla vom Obageschoss mittm Blach am schrein, weil sich der *Döppke* inne Buxe geschissn hatte un der *Dünnflitsch* nua so ausse Buxe rausquoll. „Ker", sachte ich da zu der, „wat soll denn dat gekeife mittm Bengl" un opse nich ganz *dicht* im *Dassel* sei, se soll dat Blach do einfach de *Duppa dräg* leegn un gut is. *Donnalüttchen*, wa die aufeima kiebich zu mich un wünschte, dat ich zum *Deibel* gehen sollte. Ich leechte mich nachm Gelaaba vonne Trulla also widda zum *dösen* auffm Schisselong, kaum hatte ich de *Döppen* zu, ging dat gekeife beim Nachbaa drüübm los un ich *dibberte*, dat da wat nich ganz Koscha wa. Denn der *Döppke* bekam *Dresche* un dat nich von schlechte Eltan weisse. Hömma, da binnich hin un hap mich da wohl ein bissken *döddelich* benomm un der Trulla ein *Dösken* am *Deetz* gewoafm, zum Glück wat dat eine von Tuppa un nich aussm Aldi, wennze vastehss, nä. *Donnalittchen*, da ging mich abba

43

de *Düse* un ich bekam sonn richtgen *Dadderich* inne Pootn, weil ich se ja mittn *Dösken* am *Dätz* getroffm hap un se getz ein *Dötschauge* unne *Dölle* davontruuch. Dat wa nich *dolle* von mich, un ich happ mich sofoat bei se entschuldicht, weisse.

Nachdem *Düpsen* mitte Alschen binnich widda inne Wohnunk un fant meine Akxion un mein vahaltn ihr gegnübba *Driete*, dat wa nich *dufte* von mich, weisse. Dat gekeife von der Trulla ihrm Blaach gegnübba wa abba aunich so in Oatnunk, nua weila de Hausaufgaahm nonnich feddich hatte un nua am *daddln* wa. Wat schänktse dem *Dötze* au ne Playstaischen, der is grade ma inne Schule gekomm.
Ich musste bei mich da inne Küche am Schrank nowatt *drannömmln*, da de Tür imma gegn ne andre am *ditschen* wa. Dann habbich dat *dröppln* am Wassahahn abgestellt un mich eastma nen *Docht* angezündet. Alz ich damit feddich wa, da dachte ich mich, weilze ja Kohldampf hass, hol dich ma de *Dubbeldose* ausse Aabeitztasche un hau dich eastma n´ lekkret *Dubbel* mit Leebarolle rein un genieß dein Aahmt.

Tja, so kannet ein gehn tun, wemanma *döösn* möchte, dann sin se alle *dösich* im Deetz un ham ein *Dötschauge* vadient, nä,

-E-

ebent/eehmt – heißt eben, vor kurzer Zeit,
dat sachsse ma ebent, dat tut mich Leid.
Ecke (umme) – ist ein kleines Stück, ganz in der Nähe,
is wennich ma ebent, umme Ecke gehe.
eian – das gehen und laufen oder unschlüssig sein,
dann bisse am eian un et fällt dich nix ein.

Eierfeile/Eierkitsche – altes Fahrrad oder Auto,
dat sacht man im Pott, zu ner **Eierschaukel** so.
Eimaken – das ist ein kleiner Eimer,
sach dat nich laut, dat is Geheim, ja.
einfahrn – ist in die Grube, den Schacht hinunter fahren,
dat machen de Kumpelz schonn seit hunnat Jaahn.
eingslich/einxlich – ist nichts anderes wie eigendlich,
un eingslich liep ich, imma nua dich.
einkacken – sich nich so anstellen oder zieren,
man kannet ja, auma probiean.
einkötteln – wenn man sich bei jemanden einschmeichelt
un ihm dann liep, übba sein Köppken streichlt.
einkrieng – jemand aufholen, sich beruhigen und abregen
un ihm sodann, zua Vanumpft beweegn.
Einlauf – ist eine Zurechtweisung oder eine Bestrafung,
un voarm Einlauf, kommt east ne Übbaprüüfunk.
einmuckel/einmummeln – sich warm anziehen, einkuscheln,
dann mit der liepstn, unta de Decke tuschln.
einpann – ist das einschaufel, z.B. Kohlen im Keller,
hömma dabbei, wuad ich imma schnella.
einschütten – jemanden Ärger oder Schwierigkeiten machen,
ker weisse wat, dat is nich zum lachn.
einstieln – ist etwas planen und genau vorbereiten,
dat is imma gut, zum Teil au beim streitn.
Eismauken – das sind die kalten Füße,
dann annen Winta, eima liebe Grüße.
Elli – das ist eine lange Unterhose,
ich traach se nich, de olle Schose.
Else – sagt man liebevoll zu seiner Frau,
dat weiss de Else, bestimmt ganz genau.
Engelkes – ist die Mehrzahl für Engel,
dat is dat Geegnteil, vom einem Bengl.

Erna – ist abwertend für Frau oder Freundin,
dat sachsse zu ihr, isse widda am spinn.
Eschek – nennt man den orientalischen Ausländer,
dat is tüakisch füa Esel un der Eschek ein Blenda.
Eumel – ein kleines Kind oder großer Gegenstand,
dat is ja im Pott un Weltweit bekannt.
Experte – damit ist ironisch ein Trottel gemeint,
der kricht nix auffe Reihe un et vameint.
extra – ist ganz besonders oder absichtlich gemacht,
dat hat man dann so un extra gesacht.
Ey – ist eine Anrede zum Gesprächsbeginn,
dat isso wie „Hömma" un eafüllt sein Sinn.

Döneken zum -E-

Ey hömma, sachte ich zu meine *Else*, weisse dat de *Erna* von da drüühm *ebent* mitte *Eierkitsche* nua ma kuaz umme *Ecke* zum Budchen is.
„Ja nee, is klaa", sachte meine *Else* zu mich, se is au imma am rum*eian,* opse getz laufm tun, oda mit ihra *Eierfeile* faahn soll, dat weiss die nie, weisse. *„Ebent"*, sachte ich, „sollse doch de *Eierschaukel* stehn lassn un de hunnat Meetas zu Fuß gehn, is ja au gut füare Figur, nä." Kaum ausgesprochn, kam de *Erna* widda zurück un zu unz am Zaun un wollte sich beie *Else einkötteln* un hat gefraacht, opse ma dat *Eimaken* haabm könne, se müsste de *Eierfeile* ja ma schrubbm. *Eingslich* wollte de *Else* ihr dat *Eimaken* nich geehm, abba se wollte sich au nich *einkackn* un übbareichte der *Erna* dat *Eimaken*, mitte Woaate: „Hömma, Widdasehn macht Freude, nä."
Abba meine is ja vom Heazn ein *Engelken* un meint dat nich so , wiese et sacht.

Hömma, am nächstnn Moaang kam der Kohlnhändla un hat unz ne Tonne Kohln gebracht, da binnich dann na draussn un hapse *eingepannt*, bevoa ich auffm Pütt *einfahrn* musste. Der dusslige Kohlnhändla is ja au ein *Experte* füa sich weisse, da hatta de Kohln anne falschn Stelle apgekippt, dat hatta bestimmt *extra* gemacht, nua weilich zu dem eima *Eschek* gesacht hap, da der ja aussm Ausland komm tut. Da wa der voll angepisst, weisse un hat mich getz ein *eingestielt*. Abba der soll sich nich so sicha fühln, hömma, der kricht von mich au nomma n´ *Einlauf*, vastehsse!?

Der *Eumel* vonne Smollarecks hat mich beim pannen geäagart, weisse, da binnich dem hintaheagerannt, abba den nich *eingekricht*. Na gut, dacht ich, machich ma weita, nä. Da habbich dann de Kohln *eingepannt*, da kam aufeima der Ääawin vonne Schicht un hat mich ein *eingeschüttet* un mich eastma nen *Einlauf* vapasst. Denn ich hap nich unsre Kohln, sondan die vom Ääawin *eingepannt*. Da sachte ich dem, datta sich domma *einkrign* soll un ich de nächste Fuhre Kohln, die *einxslich* füa unz sin, beim ihm *einpann* machn tu un allet wa widda in Butta hömma.

Nix füa Ungut, de Kohln hat der Ääawin getz au beisich im Kella un der Winta kann komm. Meine **Else** hat schomma de *Elli* rausgeleecht un de *Eismauken* gehdet dann au annen Kraagn, vastehsse!? Denn wir beide, de **Else** un meinaeinz tun unz getz, wennet draussn aaschkalt wiad, schöön de *Elli* drunna ziehn un unz mitte Decke auffe Kautsch *einmummeln*. Da tut sich de **Else** aunich nen Zackn ausse Kroone brechn un füa *einkacken*, weisse. Wenn wa dann so am *eingemuckelt* auffe Kautsch sin, gibbet imma legga Käffken un Kuuchn, weisse.

47

Meine *Else*, wat meine Olle is, heißt Manu, weisse un se tut sich nich *einkacken*, wennich ma *Eismauken* hap. Dann tut se mich *einmummeln* un im nachhinein krichich von se nen *Einlauf*, weillich de Kohln nich *eingepannt* hap!

-F-

Falle – nennt man das Bett,
denn inne Falle un inne Poofe isset nett.
fäntan/feckeln – ist das rennen oder schnelle laufen,
vielleicht irgentzwohin, um wat zu kaufm.
Fassong – ist die Form oder der Stil einer Frisur,
ein Fassonkschnitt zeicht, von Schönheit keine Spur.
feddich – das heißt einfach fertig,
hömma, da sin wa unz ja einich.
fetzich – wenn etwas toll oder stark ist,
un man et nich vagisst.
feian – ist das feiern oder Krankgeschrieben sein,
dann gehsse zum Dok un holz dich´n Schein.
fickerich/fickrich – ist fahrig oder nevös,
dat Woaat is nich zu mysteriös.
fies – das ist ekelig oder Abscheu erregend,
kommt imma drauf an, in welcha Gegent.
fieseln/fisseln – sagt man zum leichten Regen,
darin kamman sich, ohne Schiaam au bewegn.
Fiffi – ist der Hund, eine Perrücke oder billiger Wermut,
wenne nen Fiffi träächs, stehta dich gut.
fimmelich – ist kleinlich oder zimperlich,
ich binnich fimmelich, hömma ich mein dich.
fipsich – ist klein, unauffällig oder kniffig,
dat issn Begl, issa knuffich.

Fisematenten – heißt Ärger oder Unsinn machen,
dann ham de Leutz, nich viel zu lachn.
fisselich – ist kniffelig oder umständlich,
wat issn fisselich, dat kennich nich.
Fisselkram – eine Nebensächlichkeit, kleinteilige Arbeit,
au duach Fisselkramm, gibbet ma Streit.
Fistanönchen – ist eine heimliche Liebelei,
ker hömma, ich wa dabei.
Fitsch – sagt man, wenn man ein Schnäppchen macht
un sich sodann, inz Fäustchen lacht.
fitschn – ist das rennen, rutschen oder klein schneiden,
son fitschn, lässt sich meist nich vameidn.
Fitzeböhnkes – sind die grünen Schnibbelbohn,
se geehm nachm futtern, ausse Fott nen Ton.
Fitzelken/Fitzken – ist ein kleiner Rest, ein kleines Stück,
bleipt beim schnibbln wat übba, dann hasse Glück.
Flaatschn – ist ein großes Stück, ein großer Fleck,
der wiad meißt blau un geht nich weck.
Flachmaat/Flachzange – sagt man zu einem Dummkopf
un se komen alle, aus einem Topf.
flappen – ist eine Ohrfeige verteilen
un se kann dich, schomma ereiln.
Flattamann – ein Brathähnchen / die Biege machen,
asso ker hömma, et gibbt ja Sachn.
flattan – das ist ängstlich und unsicher,
da gibbet dat flattan un kein gekicha.
flennen – ist das jammern, weinen und heulen,
dat tun de Blaagn, hammse ma Beuln.
fleezn/flääzn - das ist sich räckeln oder legen,
da tuhsse dich, ma gaanich beweegn.
Fleppe – das ist der Führerschein,
ne Fleppe hat heute, fast jedet Schwein.

Fleppen – sind alle wichtigen Papiere und Dokumente
un diedse brauchsse, gehsse ma in Rente.

Fletschauge – ist ein geschwollenes oder blaues Auge,
dat spüült man bessa, nich mitte Lauge.

Fletsche/Flitsche – ist die Steinschleuder oder Zwille,
dat kennich noch, untam Begriff eina Ille.

Flimmerkiste – sagt man zu einem Fernsehapparat,
der steht in jedm Zimma, sogaa bei mich im Baad.

Flitzpiepe – ist ein Dummkopf oder ein Taugenichts,
se befolchten nich den Stoff, det Untarichts.

flockich – heißt ruhig und locker bleiben,
da kamman et ja, ma flockich treibm.

Flocken – sagt man auch zu sein Geld
un che Flockn, regiean de Welt.

Flosse – das ist die Hand
un dat iss allseitz, ja wohl bekannt.

Flötepiepen – heißt : Denkste oder Pustekuchen,
dat kannze Flötepiepm, ma alleine suuchn.

Flötotto/Flotten – sagt man salopp und Durchfall hat,
da brausse mehr, wie nua ein Blatt.

flott – ist schnell, machen und tun,
da kannze dich, nich eima ausruhn.

Flunsch – das ist ein dummes Gesicht,
dat kommt nich gut un wiaft ein blödet Licht.

fuddelich – ist unansehnlich und abgegriffen,
dat hasse getz, ja wohl begriffm.

flattern – ist das bangen und zittern,
da kannze de Angst, schonn eima wittan.

Flunken – das ist der menschliche Fuß,
fäaht ein Auto drübba, dann issa Muus.

Fluppe – ist die Zigarette oder eine Mine ziehen,
ach ker hömma, beidn kamman emfliehn.

fluppen – das klappen oder funktionieren,
wenn et fluppt, brausse nix zu kaschiean.
flutschen – das entwischen oder gelingen,
tut etwat flutschn, kann dat Freude bringn.
fluusich/fusselich – ist faserig oder haarig,
sowatt fussliget, intressieat mich do gaanich.
Fott/Futt – ist der Hintern von Mensch und Kind
un dies Föttkes,au Pöppkes sind.
frackich – ist das verärgert sein,
dann is man am liepstn, geane allein.
Fracksausen – nennt man die Angst,
un du dann wiaklich, um etwat bangst.
frasseln – ist das fummeln und werkeln,
dat tat Dr. Koch, beien Tubeakeln.
fratze – ist erschöpft sein, oder etwas ist defekt,
z.B. wenn der Boila, im baad eima leckt.
frickeln/friemeln – das fummeln, entwirren oder reparieren,
hömma dat friekln, musse auma probiean.
Frieda – ist der Kosename der Ehefrau,
hömma dat weissich un dat genau.
Frikka/Frikko – ist eine Frikadelle,
man holt se sich ma, wacka auffe schnelle.
Fritten – das sind die Pommes Fritz,
se gibbet au heiß, dat is kein Witz.
Frittenranch/Frittenschmiede – salopp für eine Imbissbude,
da futtat der Reiche un au der Lude.
fudeln – ist das schummeln und betrügen,
dafüa kann man dich, au eima rüügn.
Fuffi – ist ein fünfzig Euro Schein,
wennz ihn nich willz, dann issa mein.
Futzi/Fuzzy – ist ein Mensch, der unbedeutend ist,
denze kaum siehs un schnell vagisst.

Funzel – ist eine trübe Lampe oder ein trübes Licht,
un mehr dazu, sarrich getz nicht.

funzen – wenn etwas funktioniert oder etwas klappt,
ker weisse wat, dat habbich schonn öfta gehapt.

Furzknoten – ist ein kleinwüchsiger oder kleines Kind,
so wie de Fuazknootn, halt so sind.

Fusch – das ist unsachgemäße Arbeit, Pfusch eben,
hömma weisse wat, damit musse leebm.

fuschn – ist das mogeln oder pfuschen,
wenn dat nix wa, dann waan dat Luschn.

Fusek – sagt man zu- oder zum Fußball,
dat is Ruhrpott, hia so der Fall.

Fusel – ist ein billiger Schnapps, Korn oder Wein,
den süpplt man au, eima zu zwein.

Fussel – das ist die- oder eine Faser,
dat intressiat mich nich. Is dein Vadda Glaasa?

futschikato – dann ist etwas weg und nicht mehr da,
wo et eima, geweesn wa.

fuuawerken – das bearbeiten, werkeln oder basteln,
da bisse manchma, ganz gut am astln.

Dönekem zum -F-

Ker, wat wa ich *fratze*, alz ich vonnem *Fistanönchen* mitte Nachbaarin na Hause kam. Hömma, gut dat dat meine Frieda dat allet nich mehr ealeehm muss. Et wa den ganzn Tach au am *fisseln* un ich musste mich inne *Falle fleetzen*, ich wa ja au so *fickerich* voam Treffm, vastehsse, denn de Tussi hatte ihrn klein *Fiffi* dabei un der mochte mich wohl nich, dat habbich beim letzn ma, alz ich se auffe Straße traf schonn gemeakt. Ker, wa ich am *flattan* un ich hap easma ne *Fluppe* gequalmt.

Der Tach wa ächt *fetzich* un der *Fiffi* wa au nich mehr *fies* zu mich. Appman binnich wohl zu *fimmelich* un stell mich wien *Flachmaat* an, wenn ich *Fracksausen* hap, abba man muss manchma einfach nua *flockich* bleibm. Dat bliep ich dann, denn ich packte de Tusse anne *Flosse* un wir *feckeltn* duachn Wald. Wie schonn gesacht, dat wa am *fieseln* un de *Fassong* an ihrm Kopp litt gewaltich hömma. Alz wa so duachm Walt am *fätan* waan, blieb aufeima ihr *Fiffi* annem Bäumke häng. Hömma weisse wat, da habbich mich beömmelt un se ange*fudelt*, datse noch schniecke aussehen tut. Se abba fant dat nich *fetzich* un wa *feddich* mitte Nervn, **flappte** mich eine, dat ich n´ *Fletschauge* bekam, nannte mich ne **F**litzpiepe, sowatt von *frackich* wa se un machte den *Flattamann*.

Da stand ich nun ganz bedröppelt un *friemelte* ihrn *Fiffi* aussm Baum, um ihn den zurück zu bring, denn dat Dingen wa ja nich ganz billich un hat ein *Fuffi* gekostet au wennet ein *Fitsch* wa. Dat wa ganz schön *fipsich*, den daraus zu *fuuawerken* hömma, da wa nix mit *fuschn*. Nee, dat konnt ich nich machn, der *Fiffi* sollte mit kein *Fitzelken* im Baum häng bleibm un ich *friekelte* weita biss et endlich *flutschte*. Als ich mit dem *Fisselkram* *feddich* wa, binnich inne *Frittnranch* um mich ne *Frikka* un *Frittn* zu vaputzn. Da lächlte mich der *Flattamann* am Spieß an, den habbich dann au noch bestellt un veaspachtelt. Et wa schonn spät gewoadn un de *Funzln* draussn waan angegang, da kam sonn *Furzknoten* inne *Frittenschmiede* un betellte sich *Frittn*. Der sah so richtich *fuddelich* aus, sein *Flunken* wa wohl vom *Fusek* dick geschwolln, hatte nen fettn *Flaatschn* anne Porreepiepm un wa am humpln. Der hatte voa Schmeazn n´ *Flunsch* gezoogn un wa am *flennen*. Der tat mich ächt Leid hömma un er bekam von mich seine *Fritten* bezahlt.

Auffm Weech na Hause kam ich inne Pollezei Kontrolle, da kam ich ganz schön ins *flattern* un da fraachte mich der *Fuzzy* von Bulle doch ächt, op ich *Fusel* gesüpplt hätte. Wat ich natüalich nich gemacht hap, nä. Gut datta de *Flitsche* auffe Rückbank nich gesehn hat. Er wollte meine *Fleppe* un ich blip wie imma *flockich* dabei, steckte mich ne *Fluppe* an un vasteckte schnell de Zwille un waatete, dat ich de *Fleppen* widdabekam. So langsam wuade ich unruhich, un sachte dem Bullen er soll ma *flott* machn, denn ich hatte heute *Fitzeböhnkes* un müsse wacka aufm Klo, weil ich ein *Flotten* hap. Abba *Flötepiepen*, der rüahte sich nich un sachte ich soll nich rum*flennen*, abba der *Flötotto* kam imma näha zum Ausgang vonne *Futt*. Da ich wohl zu schnell untaweechs wa musste ich wat lacken, ich holte de *Flocken* raus un lackte den Zwanni. Ich fuahr weita un et wuad langsam waam anne *Fott*, wat da passieat is, kannze dich ja denkn, nä. Nachm Gang auffm Klo, entfeante ich erstma de *Fusseln* vom Anzuch, denn der *Köta* vonne Tusse wa so *fusselich* alz ich dem auffm Aam hatte, dat *funzte* ganz gut un konnte mich dann genüßlich inne *Falle fläätzen* un mich de Reppotage übba „*Fusch* am Bau", inne *Flimmakiste* zu bekuckn.

Geh nie mittn *Fiffi* unnen *Fistanönchen* innen Wald, mach lieba nen *Flattamann* un hau de *Flocken* selba auffm Kopp. Denn dann kannze inne *Frittenschmiede futtern* watte willz un denks dich, *Flötenpiepen,* woll!

-G-

gallich – ist aggresiv und wütend sein,
sonnen Mensch, lässte bessa allein.
Galloschn/Gamaschn – sind Stiefel oder Schuhe
dat isso un stehn inne Truhe.
Gallone – ist die Pulle oder Flasche Bier,
so sacht man dat, hia im Revier.
Gannef – das ist ein Dieb und eine zwielichtige Person
un der kommt au schomma übban Balkon.
Gebölke – nennt man das Geschrei,
dat is nua kuaz un geht schnell voabei.
gebongt – heißt: abgemacht, okay oder einverstanden,
dat sacht man, wennse dat töfte fanden.
Gebrassel – ist Unruhe, Stress und Ärger haben,
dann tuhsse mitten Flunkn schaabm.
Gedeck – ist im Ruhrpott dein Pils und Korn,
un dat süpplt man imma un gean von voan.
Gedöns – ist das umständliche vorgehen
un dat kamman schlecht vastehn.
Gefreiemel – das ist knifflige Arbeit und Bastelei,
au dat Gefriemel, geht ma voabei.
geian – ist das laute lachen,
hömma, dat muss ma machn.
Gejanke – nennt man das Gejammern und Gestöne,
ker, da höaasse nua laute Töne.
Gekäbbel – ist das Gestreite und das Gezanke,
der Auslösa is meist, n´ andra Gedanke.
Gelaber – ist ein zermürbendes Hin- und her Gerede
un füahrte schonn, zua mancha Fehde.
Geleucht – nennt der Kumpel die Grubenlampe,
se träächt man am Kopp, nich anne Wampe.

Gelumpe – ist Müll und unbrauchbare Gegenstände,
getz weisse Bescheit, Schluss, Aus un Ende.
Gepampe – ist das laute Gemecker
un dat geht ein, voll auffm Wecka.
Gescheppa – nennt man den Krach oder Radau,
bei unz macht dat, allein meine Frau.
Geschlönz – sind Eingewide/ein Wirrwar von Kabeln o. Fäden,
hömma darübba, muss man ma reedn.
Geschrammel/Geschräbbel – ist ein schlechtes Gitarrenspiel,
dat ismanchn Kreisn, ein besondra Stil.
geschruppt – das geschlagen oder besiegt werden,
dat is beim Fussball un au beie Pferdn.
Gesülze – ist das dumme Geschwätz und Geplapper,
daduach wird dat Gelaaba, bestimmt nich viel knappa.
Gesocks – ist die soziale Unterschicht,
kommt drauf an, aus welcha Sicht.
gezockt – ist das Karten / Fußball spielen und etwas stehlen,
hat man dich abgezockt, dann wiad dich wat fehln.
gewitzt – ist durchtrieben und klug,
genuch gesacht, damit genug.
Gezubbel – ist an etwas oder an Fäden ziehen,
meist entsteht sowatt, duach kranke Manien.
Gibbelfott – nennt man eine alberne und kichernde Frau,
dann isse betüddelt, oda is blau.
gibbeln – ist albernes lachen und kichern,
dat kannich dich ma, im guutn vasichan.
gibberich/gibbrich – ist schleimig und glitschig,
dann isset Nass un zimmlich flutschich.
Glotze – ist das Fernsehgerät,
dat glotzte oft, biss meistns sehr spät.
glotzen – wenn einer blöde zusieht und dumm schaut,
meist isset dann, nach eina Braut.

Glubscher – nennt man die große Augen,
wennse dann noch, zum sehn taugn.

glubschn – ist das auffällige schauen,
marrich ganz gespannt, nach schnieke Fraun

göbeln – das ist sich übergeben,
hömma au damit, kammama leebm.

Gör/Gören/Göre – freches Kind, Kinder und Mädchen,
se gibbet übbaall, im jeedn Städtchen.

Gosche – nennt man den Mund
un hälze se, isset Gesund.

Griffel – das sind die Finger,
et gibbt dicke un dünne Dinga.

grisselich – ist körnig und nicht fein,
so muss grissliget, einfach nua sein.

grummeln – ist das lange nachdenken und grübeln,
dat kamman ein, au nich vaüübln.

Gummel – ist eine dicke und unförmige Nase,
au damit riechsse, Aromen un Gase.

Gummiflitsche – das Einmachgummi oder Gummiring
un sowatt ähnlichet, nennt sich au String.

Gummibotten – nennt man die Gummistiefel,
da reimt sich nix darauf, dann hoch auffm Gipfl.

Günna/Günni – der Männername Günter in Kurzform,
dat is im Ruhrpott, hia einfach ne Noarm.

Günsel – das ist der Hals,
ich hoff, du glaupz mir eehmfalls.

Gurke – ist die Nase, ein altes Fahrzeug oder der Penis,
hömma dat isso un kein Beschiss.

Guuakarei – die lange Fahrerei/ein schlechtes Fußballspiel,
un weil mich beidet nich so gefiehl.

Döneken mit -G-

Hömma, ich bin mittn **Günna** ma widda mit seina olln **Gurke** zu Fusek auf Schalke gefahn, umma dem ganzn **Gebrassel** zu entkomm un um ein töftet Spiel zu **glotzen**. Ich hap ne **Gallone** Bier untaweechs **gesüpplt** un der **Günna** mit sein **Gelaber** ging mich abba so aufm Sack hömma, dat ich mich dat Pilsken im **Günsel** steckn geblieem is, weisse. Dem sein **Gejanke** un **Gepampe** übba dat **Gesocks**, wat beim eingestiegn is, wa ja nich zu übbahöaan un ich wuad schonn son bissken **gallich**, vastehsse. Na gut, dacht ich, lassin ma quassln. Alz wa auf Schalke ankam, musste ich eastma meine **Gurke** schüttln gehn un hap mich annen **Bäumken** entleehrt. Ker, Scheiße dachtich, da hasse dich abba voll auffe **Gummibotten**, nee, auffe **Galoschn gepieslt** un happse dann ganz **gewitzt** wie ich bin, anne Bux getrocknet

Voarm Spiel wolltn wa unz nochn **Gedeck** geneehmign un **Günni** fraachte op ich au will, „**gebonkt**", sachtich da un dat olle **Gesülze** vom **Günna** nahm kein Ende. Da habbich den gesacht, datta domma de **Gosche** haltn solle, watta dan au gemacht hat. Denn dat **Gelaber** übba dat olle **Gesocks** un den **Gannef**, der ihm dat ganze **Geleucht** ausse Bude **gezockt** hatt, hatte schonn so nen langn Schwanz. Dann simma inz Staadion rein un da wa aufeima ein **Gescheppa** zu höaan. Hömma, alz wäar der große Wüafl aufm Platz gefalln, abba dat wa nich so, nee, dat wa nua dat laute **Geschrämmel** vonne Maaschkapelle die da auffe Paukn hautn.

Voa unz im Staadion, da saaß ne olle **Gibbelfott** un wa de ganze Zeit am **gibbln**, fraach mich nich worübba, ich weisset nich. Dat **Gebölke** auf Schalke wa widda töfte un zimmlich laut, abba de *Guuakarei* auffm Platz konntesse dich nich antun, weisse. Dat ganze *Gedöns* auffm Spielfeld wa de größte Kacke, alz hättn se nonnie Fusek *gezockt*. Ker, nee, da muss der Trääna domma seine *Glubscher* auftun un auswechsln. Abba da passieate et, ein Schalka Spiela wuade inne 89. Minute im Straafraum, frei voam Tor am Trikot *gezubbelt* un der fiela auffe Fresse un der Schiri gaap Elfa un der Stüama machte den rein un de Bayan wuadn *geschruppt*.

Auffm Heimweech kam unz ein paar *Gören* entgegn die *glubschtn* unz blöde an. Ein *Gör* wa mit na andren *Göre* am fummln un konnte seine *Griffel* nich bei sich lassn un betatschte de Tusse untam Shört. Da sachte der *Günni* aufeima, hätt ich **getz** ne *Gummiflitsche* dabei, wüad ich dem Seega ne Krampe auffe Fott plätttn. Dat krichtn de *Gören* mit un dat *Gekäbbel* wa da. Se vapasstn dem *Günni* ein auf seinen *Gummel*, dat so feste hömma, dat de *Gurke* anschwoll wa un anfing zu bluutn. De Leutz die da waan *glotzen* nua doof, abba machtn nix. Is ja klaa, jeda denkt heute nua noch an sich weisse.

Alz wa widda zu Hause waan, simma noch inne Pinte un hamm unz dat Spiel nomma inne *Glotze* bekuckt. Da fing der *Günni* mitma an *göbeln* an, denn der hatte heute Nammitach sonn *gibbriget Geschlönz gespachtelt*. Wat dat wa, weiss der Deibl. Hömma, dat sah so uurich aus, dat ich *geian* musste. Der Willi machte unz danach nochn *Gedeck* un nache Zeit dat *Geleucht*, watta ma vom Pütt hatte an, wat beim heißn tut, „Is Schicht am Schacht." Au dat *Geschräbbel* ausse Musikbox vastummte un de ganze *Guuakarei* na Schalke hintaließ seine Spuan, dat ich dann au wacka na Hause ging un mich da noch ne *Gallone* gönnte. Denn dat *Gefriemel* mit dem *Gelumpe*, wat da noch zu machn wa, machte mich ächt *gallich*.

Wennze mittn *Günni* auf Schalke fäahrs, höaa nich auf sein *Gelaber*, nä.

-H-

Hä? - heißt: wie bitte? Was? Was hast du gesagt?
Dat heißt dann so, wenn man fraacht.
Häbbätt/Hebbett – ist die Kurzvorm von Herbert,
dat issn töfta Kerl un staak wien Pfeat.
Hacke/hacke – der Mist, Blödsinn / sehr stark betrunken,
sonne hacke, ich wa hacke un hap gestunkn.
Hackevoll – ist das Volltrunken sein,
dat is no mehr, alz besoffm zu sein.
Hallas – ist der Lärm, Ärger oder Aufwand
un Hallas machsse, meist ohne Vastand.
Halligalli – das ist die Party oder Fete,
da gehsse hin, au ma ohne Knete.
Halskrause – ist ziemlich wütend sein,
se krisse, wa eina, zu dich gemein.
Hämorridenschauckel – ist ein kleines klappriges Automobil,
damit fäahrsse imma, mit großm Stil.
Hänsken – ist die Koseform von Hans oder Kopfläuse,
un dat kost dem Hänsken, ma richtich viele Mäuse.
Happehappe/Happahappa – ist das Essen oder die Mahlzeit,
Hauptsache is, dat Futta is gescheit.
happich – ist gierieg oder übertrieben,
ker dat is dat wat wa nich liebm.
Häppcken – heißt: eine Kleinigkeit essen,
ein Häppcken habbich, schonn öfta gefressn.

Harri – heißt: der/das ist extrem schnell,
dann gehta ab wie Harri, gell!

Hasenbrot – Butterbrot was wieder nach Hause gebracht wird
un dann dat Blaage, nua so um dich schwirrt.

Hau (du hast ein) – du bist verrückt / nich ganz bei Verstand,
Du hassn Hau, is ja allseitz bekannt.

Hauer – ist der Bergmann / große vorstehende Zähne,
mein Kumpel träächt heute, widda ma keene.

Heia/heia (machen) – das ist das Bett und das schlafen,
machsse ma heia, bisse im Träume Haafm.

Heiamann – ist das Fünfmarkstück, der Fünfeuroschein,
komm gibb ma hea, der is getz mein.

Heidewitzka – heißt: wie der Blitz oder jetzt geht's los,
hömma, dann is de Stimmunk groß.

Heini – Kosename für Heinrich/ ein seltsamer Typ oder Kerl
un der wohnt inne Stadt, da ingswo bei Verl.

Heiopei – ist eine unzuverlässige Person oder Chaot,
so ein Heiopei, vabreitet nua Not.

heistakopp – bedeutet kopfüber,
lassin nua spring, ich steh dadrüba.

Hemdflattern – ist, wenn man Angst hat,
un der Neavm gehn duach un du bis platt.

Hempel/Hämpel – Bezeichnung für unordentlich, schmutzig,
bei Hempels untam Sofa, hömma da putz ich.

Henkelmann – ist die Thermokanne oder Maurerkelle,
se schwingt der Maura, ma so auffe schnelle.

Herrengedeck – die Bezeichnung für ein Pils und ein Korn,
dat is jeedn Sonntach, det Mannes Ansporn.

herumgondel – ist das ziellose umherfahren,
hömma dat kannze, dich wiaklich ma sparn.

herumkreuchen – ist das herumkriechen und krabbeln,
ker davon binnich, do graade am sabbln.

kerumkummeln – nennt man das um- oder aufräumen,
dabei fängt bei mich, der Mund am schäumen.

herumsülzen - ist nicht auf dem Punkt kommen,
dann krichta ne Lasche un is benomm.

Herzken – das ist das Herz,
darinnen is Liebe un Schmeaz.

Herzklabasta – die Herzrhytmusstörung oder Herzrasen,
ker hömma et gibbt, auma so Phaasn.

hibbelich/hippelich – ist zappelig und sehr nervös,
is mir eina zu hibbelich, dann wead ich bös.

Hibbelken – ist ein zapeliges Mädchen oder kleines Kind,
wie halt de Blaagn, numa so sind.

Hickeschlick – nennt man den Schluckauf,
son Hickeschlick, nimmt man ma in kauf.

hinne/Mamma hinne – heißt: schnell oder Beeil dich,
machsse nich hinne, lässte mich quasi im Stich.

Hippe – ist die Ziege, magere Frau oder eine Zicke,
oppich dabei, noch wiaklich duachblicke.

Hippken – ist Regional, ein kleines Schälmesser,
ja sonnen kleinet, dat schält viel bessa.

Hirni – ist ein einfältiger Mensch, eine dumme Person,
ja abba dat, dat wusstesse schon.

holladibolla – etwas schnell und überstürztes tun,
ohne sich dabei, eima auszeruhn.

Hömma – heißt: Hör mal / Hör mir zu,
ker, ich sach „Hömma" un wat machs du!?

Hotte – ist die Kurfform für Horst,
so heißt der Jääga, in unsa Foast.

Hottemax – aus Kindersicht ein großes Pferd,
au der Hottemax, kommt ma aufm Herd.

Hubbel – ist eine kleine Erderhebung oder Unebenheit,
fällze da hin, tut et mich Leid.

Hucke/Hücksken – das kleine Haus / die kleine Wohnung,
in sowatt zu wohn, is keine Belohnunk.

Huddel/Hoddel – ein alter Lappen, Pfusch, Durcheinander,
hömma de Wöaata, wean ja imma spannda.

Huddelei – das Durcheinander, Wirrwarr, dilettantische Arbeit,
ja wer is denn schonn, füa ne Huddelei bereit.

Hücksken – ist ein kleines scharfes Messer,
hasse einz inne Küche, so wäare et bessa.

Hulle (voll wie) – ist sehr betrunken oder Volltrunken,
ker da bisse abba getz, ganz tief gesunkn.

Hümmelken – wird ein kleines Küchen/Schälmesser genannt,
dat is Regional, au alz Pittamessa bekannt.

hümpeln – ist wenn man das Bein nachzieht
un mittn dickn Flunken, auf Krückn flieht.

Hundatpro – heißt: hundertprozentig oder ganz sicher,
ja so binnich, einfach der Micha.

Hunderterschraube – ist eine Flasche Bier,
dat bestellze, gerne ma hia.

Hunni – der Hundertmart oder Hunderteuroschein,
lässte den falln, dann issa mein.

Hulda – ist von einem Mann die vergötterte Ehefrau,
sowatt weissich alz Kerl un dat ganz genau.

Hustekuchen – heißt: das war wohl nichts, ging in die Hose,
dann isset voabei, dat is dat dubiose.

Döneken zum -H-

Hömma, da wollte ich beim **Häbbätt** anne Bude gehn un
meine holde *Hulda, de Else,* hat mich gesacht, dat ich nich
widda *Hackevoll* na Hause komm soll, vastehsse!? „*Hä*", wat
hasse gesacht, ich soll nich *hacke* na Hause komm? Ker, dat
marrich donnich!" sachte ich. Da wollte meine Else wohl

Hallas machn, abba nich mit mir, weisse. Na gut, ich bin also zua Bude beim *Hebbett*, wie meine Olle zu dem sacht, obwohla ja *Häbbätt* heißn tut, nä. Na egaal, ich also inne Bude rein, da wa schonn widda *Halligalli* un ich wa widda mit dabei. Der Willi hat de ganzn *Häppcken* gefuttat un dat *Hänsken* sein *Hasenbrot*, wat ihm sein Vadda vom Pütt mitbrachte. Dem sein alta wa unna Taage alz *Hauer* inne Voarichtunk un hat seine Kniften nie gefuttat. Ich bekam au Kohldampf un wollte *Happahappa* machn, abba nix wa mehr da un ich krichte ne *Halskrause*, weisse. Ich dann *Heidewitzka*, wie son *Harri* inne *Hämorridenschauckel* geschmissn un nachm Ali inne Dönabude gefaahn, um mich ne Pottzion Dööna zu holn. *Hömma*, der Ali is ganz schön *happich* mitte Preise gewoadn, abba ich geh da weita, weil et da legga is. Ich happin den *Heiamann* hingeleecht un bin dann widda apgehaun.

Widda anne Bude ankekomm fraacht mich der *Häbbätt*, op ichn *Hau* hätte un warum ich ihm vom Ali, nich wat mitgebracht hap. Na gut, dat konnt ich ja nich wissn, nä, der hat mich ja nix gesacht. Also habbich mich *heistkopp* in dat Getümml gestüazt un hap mitgezecht. Nache Zeit bekam ich abba dat *Hemdflattern*, denn ich hap den *Henkelmann* vonne Else zu Hause vagessn, denn de Else wollte doch dat ich de Eabsnsuppe vom Metzga *Heini* mitbring, na egaal dacht ich, sarrich meine *Hulda*, dat die aus wa. Ich mich also nochn *Herrengedeck* bestellt un wa weita mit am *herumsülzen*. Mitma kam son *Heiopei* mit sein *Hibbelken* inz Büdcken rein. Ker, wa die *hibbelich*, se konnte nich ruhich sitzn bleim un wa nua am zäätan. Da sach ich zu der, „ey du *Hippe*, wat bisse denn so *hippelich*, hammse dich nich geläant ruhich zu bleim." Da sachte se zu mich: „*Hömma* Oppa, gehma lieba inne *Heia, heia* machn." *Hömma*, da is mir abba *holladibolla* beinah de

Poote ausgerutscht weisse, abba ich konnte mich noch beherrschn. Ich hap mich dann vom *Häbbätt* nochn paar *Hunderterschrauben* geehm lassn un hap meine Zeche mittn *Hunni* bezahlt. Ich sach zu dem: „Mamma *hinne*, ich muss nowatt *herumgondeln*, dat meine Else wat zu futtan kricht.“

Dann binnich so untaweechs am laatschn un bekomm mitma nen *Hickeschlick* un *Herzklabastern* un dachte mein *Herzken* macht et nich mehr lange. *Hundatpro*, dat dach tich weisse! Ich bin ja au ein *Hirni hömma*, wat hat de Else au zu mich gesacht: „Komm nich widda *Hulle* na Hause!“ un wat marrich, ich bin volle kanne *Hulle*. Ich ging also weita, da ich ja nich faahrn konnte un meine *Hämorridenschaukel* anne Bude stehn lassn musste, übbaall bin ich getz *herumgekreucht* un hap beim laatschn den *Hubbel* übbasehn un mich auffe Fresse geleecht. Zum Glück kam der *Hotte* auf sein *Hottemax* voabeigerittn un hat mich aufgeholfm. Zwaa wa ich getz am *hümpeln*, weil mein Flunken weh tat, abba ich hap den Weech zum mein *Hücksken* doch geschafft. Ich also rein inne *Hucke* zu meina Olle un sach zu der: „Hia siehdet ja aus wie bei *Hämpel*, wat soll hia der *Huddel*, da musse abba ma *herumkummeln* un Ordnunk machn.“ da sachte se mittn *Hümmelken*, nen *Hippken* unnen *Hücksken* inne Pootn: „*Hustekuchen* Alta, wer *Hulle* na Hause kommt, kann den *Huddel* selba wechmachn un mach keine *Huddelei*, weisse, sonst gibbet wat auffe Fresse!“
Da wa ich abba geplättet *hömma* un hap mich zum *heiamachn* inne *Heia* geleecht.

Also komm nich *Hulle* na Hause, wenn dich dat deine *Hulda* sacht, nä!

-I-

I-Dötzken – damit ist der Erstklässler gemeint,
der zum eastn ma inne Schule eascheint.
Ihmchen/Immchen – ein Kosename für den Freund/Ehemann,
dat sachsse ma, so dann un wann.
Ille – das ist eine Steinschleuder,
dat Dingen is kein Zeitvageuda.
impich – das ist klein und unscheinbar
un somit au meist gaanich da.
inne – heißt: in der …,
hömma ker, wat willze mehr.
intus – etwas gelernt, auf- oder eingenommen haben,
um sich stetz, daran zu laabm.
Ipschek – ist der Sohn oder Sohnemann,
dat sacht man so, au irnxwann.
ipschich/ipsich – ist süß, klein und nett
un somit au, schick un kokett.
irnxwo – das bedeutet irgendwo,
dat is z.B. auffm Klo.
Ische – ist abwertend für Frau, Mädchen und Geliebte,
egaal ob de easte, oda de sieebte.
Ischerich – ist der Mann oder Freund,
der is mächtich staak un gut gebräunt.
Is nich – das heißt: es ist Aus oder das gibt es nicht,
dat sacht man dich, so inz Gesicht.
Itze – ist der Kosename von Fritz,
dat is wahr un kein Witz.

Döneken mit -I-

Hömma, mein *Ipschek*, wat der *Itze* is, der is getz eingeschuult woadn un hat gesacht, dat wenna de Schule feddich hat, studiaan will. Da habbich zu mein *Ipschek* gesacht:
„Ker *Itze*, mamma east de Schule Ende, wat da no so allet in dein Leehm komm tut, dat weisse nonnich", da sachta da füa mich:
„Ey Vadda, ich bin zwaa nochn *I-Dötze* un geh *inne* Schule, abba ich weiss wat ich will hömma. Ich will meine *Ische*, de Inge heiratn un mit mein *Ischerich*, den Ingo, ne Fusekmannschaft aufmachn, weisse."
Na guut, dacht ich, der is ja no so *impich* un hat nonnich soviel *imtus* im Schäädl un muss no viel leaan. Da kommt mein *Ipschek* auf eima an un wollte seine *Ille*, die ich ihm nen Tach voahea apgenomm hatte un wollte mittn Ingo *irnxwo* hin, um auffe Vögelkes zu schießn. Dat geht gaanich un *is nich*, sachte ich zu dem, abba weila ja so *ipschich* is un mir vasprach, datta nich auf Tieare schießn tut, gaap ich ihm seine *Ille*. Ker, da sachte meine Olsche für mich: „*Immchen*, dat hasse töfte gemacht."

Hömma, wenn dich dein *Ipschek* inne Schule kommt un *I-Dötze* wiad, nä, musse kuckn, datta watta leaan tut un *intus* behält, weisse.

-J-

Ja nee – ist eine Verneinung
un dat, dat is ne Meinunk.

Ja nee, is klar – ist eine ironische Antwort,
dat sacht der Atze immafoat.

janken – ist das jammern und quengeln,
dann sin de Blaagn, steetz am dränln.

japp – heißt: ok und ja geht klar,
dat isso un is wahr.

Jau/jawollo – ist eine Zustimmung, wie ja und jawohl,
denn Jau is im Pott, ein Symbol.

Jaust/Jeust – nennt man ein frechen Jungen oder Bengel,
se sin nich liep un keine Engl.

Jeck – ist der Dummkopf oder ein Narr,
un sonnen Jeck, is schonn bizarr.

jimbachn – das sagte man zu feiern,
dann sollze nich lange, so rumeian.

Jockel – ist die Kurzform von Jochen,
so wiad der Jochn gesprochn.

jöckeln – sich auf einer Tour vergnügen oder radeln,
wa eina am jöckln, den brausse nich taadln.

Jonteff – das ist der gute Anzug,
un eaahält oftma, den Vorzuch.

Jöppcken – ist eine kurze Jacke,
findich nich schöön, ich find se kacke.

joddweedee – ist weit draussen und abgelegen
un dahin, kannz mich nich beweegn.

juckeln/jückeln – zielloses umherlaufen / umherfahren,
hömma den Spritt, den kannze dir spaarn.

Jupp/Juppek – die Koseform von Josef,
so heißt bei unz, der dicke der Chef.

Döneken mit -J-

Inne Kneipe acht der *Jupp* zu mich: „Ker, weisse noch wo wa mittn *Jockel* hia inne Pinte am *jimbachen* waan un sein frecha *Jeust* reinkam un am *janken* wa, weila sich de Porreepiepen vaknaxt hatte?"- „*Jawollo*", sachte ich „un der truuch da doch sein töftn Sonntachs *Jonteff*, nä!?" - „*Jau*", sachte der *Jupp* zu mich. „Der blöde *Jeck* is beim *jöckeln* mittm Keeglklupp, mit sein Drahteesl voll auffe Schnauze gefalln un hat sich de Flunken vakröppt." - „Weisse noch, wose da am rum*juckeln* waan?", fraachte ich dem *Jupp*. - „*Jaa nee*, dat weiss ich au nich, dat wa irnxwo *joddweedee* inne Karpaatn", sachta da.
„Hömma *Juppek*", sachte ich, „ich weiss nua, dat dem *Jockel* sein *Jaust* dammalz sein *Jöppchen*, alza auffe Fresse flooch, au im Aasch ging, abba dat geschiet dem ja au recht weisse. Denn wer imma so frech zure Leutz is, hat nix andret vadient, nä." - „*Ja nee, is klar*", dat is deine Meinunk, abba ich sach ma so, wer inne Karpaatn am *jückeln* is, muss sich nich wundan, wenna auffe Fresse fliecht."- „*Japp*", sachte ich, „komm *Juppek*, lass unz weita süppln." un er antwoatete nua: "*Jepp*, dat machen wa" un dat taatn wa, biss der Willi vonne Kneipe, Schicht machte.

Ker hömma, wenne mittn *Joneff* ingswo *jodeweedee* auffe Fresse fliechs un dich den Flunken vakröppz, dann bisse am *janken*, weil dein *Joneff* un der Flunken im Aasch sin.

-K-

kaatzen – ist das schnell laufen, etwas holen,
meist ganz gewitzt, auf schnelln Sohlen.

Kabrache/Kabachel – is ein altes baufälliges Haus,
hömma, da möchte man wacka raus.

Kabäusken – ein kleiner Raum oder Zimmer,
wie so wat is? Ich hap kein Schimma!

Käbbelei – ist eine Neckerei mit aus Spaß,
ker da beisst keina, von inz Gras.

käbbeln – ist das rumalbern, harmlos streiten,
machn de Blaagn, schomma bei Zeitn.

Kabüffken – kleine Abstellkammer, oder Schuppen,
kann sich alz Anbau, auma entpuppm.

kacheln – das ist schnelles fahren oder sehr windig sein
un so kommt der Wind, dann bei mich rein.

Kack (so ein) – die Enttäuschung, Scheisse und Mist,
wie et im Leehm, ebent so ist.

Kackstelzen – das sind die menschlichen Beine,
eher unföamich un nich feine.

Käffken – ist eine Tasse Kaffee,
süppl ich imma, bevoa ich zua Malooche geh.

Kälbazähne – so nennt man die grobe Graupen,
de maag ich nich, genau wie Raupm.

Kampfschnake – ist eine Frau auf Männerfang,
da wiad ja jeedn Manne bank.

Kanne – ist einfach der Name für eine Bierflasche,
die hat Kumpel, inne Aabeitztasche.

Kanten – ist das Brotende, ein Brotendstück,
wenn ich dat ma krich, dann habbich Glück.

kapaftich – ist feste und heftig,
so wiad n´ Streit, laut un sehr deftich.

Kapito – heißt: hast du verstanden?
Wenn wa dat, au andas befandn.

Kappe (ein anne) – ist nich ganz richtig im Kopf,
machta so weita, hängta bald am Tropf.

Kappes – das ist der Kohl, ob rot oder weiß,
der kommt inne Suppe, de ich geane vaspeis.

Kaputtschreiben – ist sich ewig Krankschreiben lassen
un de Rente einreicht, anne Kranknkassn.

Karre – ist ein altes Auto, Handwagen aus Brettern,
den nimmze mit, zum Maifest schmettan.

Käseblatt – ist abwertend für eine Zeitung,
im Ruhrpott isset, ne Ableitunk.

Kaue – da zieht der Bergmann sich auf der Zeche um,
un läuft doaat, ganz nackich rum.

Kautsch – heißt eigentlich ja Sofa,
da sitze gut drauf, nich wie auffe Mofa.

Kawenzmann – ist breiter Kerl oder großer Stein,
der muss abba nich, abba kann böse sein.

Kawumm/Kawupp – das ist mit Schwung oder sehr heftig
un dat is manchma, ganz schöön deftich.

kawuppdich – ist überstürztes und sehr rasant,
wat weita no kommt, da binnich gespannt.

Keif/Keife – ist auf Pump kaufen / ein Kredit nehmen
un sich somit, dem Konsuum zu bequem.

Kellen – sind abstehende und große Ohren,
mit diesen wirsse, auma geboorn.

Ker – ist ein Ausruf und heißt: Mensch, Kerl oder Mann,
dat sachsse am Satzanfank, wenn man et kann.

Keule – ist für einen guten Freund, eine Anderde,
se heißt soviel wie: „alta Schwede."

keuln – ist schwer arbeiten, am malochen
un dat geht späta, voll auffe Knochn.

kiebich – ist das kratzbürsige und zickige auftreten,
so is von meine Olle, mich täglichet beetn.
Kies – ist umgansprachlich das Geld,
wat man inne Flosse hält.
Kiki – das ist leicht und schnell zu beheben
un ganz schöön einfach, damit kannze leebm.
killan – das ist kitzeln mit einem Hintergrund,
dat is Liebe, un ganz gesund.
Killefitt – ist dummes Zeug oder Gegenstände
un diese nich, mehr töfte fände.
kimmeln – ist ein Ausdruck fürs essen,
dat fraachsse, wat wiad am Aahmt gegessn.
Kindskopp – ist eine liebenswürdige, naive Person,
dat wusstesse ja, bestimmt au schon.
Kinkalitzchen – das ist eine Kleinigkeit,
voa sowatt is, man nie gefeit.
Kippe – ist die Müllhalde oder eine Zigarette,
ich glaube dat weisse, hömma ich wette.
Kirmes (haben) – ist ein Volksfest/den Hintern versohlen,
ker hömma, dann kannze johlen.
Kirre – ist nevös oder verwirrt,
dat kommt schomma voa, wenn man sich vairrt.
Kitsche – ist das Kerngehäuse, eine Kerbe, kleine Beule,
dann kommt et voa, dat ich leise heule.
kitschn – ist das schippen, schnippsen oder wegstoßen,
mit Kugln un Knickan, de klein un de großn.
klabastan – ist das hin- und herlaufen,
um irnxwat, sich wo zu kaufm.
klabüsan – ist das werkeln, machen und tun,
ohne sich eima, dabei auszeruhn.
Kladderadatsch – ist das Durcheinander oder den Kram,
hömma dat isso, ich nehm dich nich auffm Aam.

klamm – das ist feucht oder knapp bei Kasse,
dat is nich schön un au nich klasse.
Klampfe – das ist eigendlich nur eine Gitarre,
spielze se nich gut, geh ich dich anne Kandarre.
Klamotten – ist der Besitz und deine Sachen,
da kannze watte willz, allet mit machn.
klamüsern – ist das herumbasteln ohne eine Ahnung,
dat machn de Leutz, meist ganz ohne Planunk.
Klappergestell – ist eine große und dünne Person,
meist in schicke Klamotten un ohne Fasson.
Klätsch – so nennt man die Mestruation,
meine Olle kricht se, mitte Tochta synchron.
klätschich – ist klebrig und feucht,
so sin dann de Haare, wenn man im Reegn rumkreucht.
Klättschnass/Klittschnass – das ist völlig durchnässt
un de Klamotten, im Reegn hängen lässt.
Klaubock – ist jemand, der gerne stiehlt
un diesn Menschn, au kein empfiehlt.
Klaue – ist eine krickelige Handschrift,
dat liecht anne Pearson, nich annen Stift.
Klabusterbeeren – kleine Rückstände in der Po-Ritze,
un se juckn, wennich schwitze.
Klapustaperln – ist der Schlaf in den Augen,
se müssn da wech, weilse nix taugn.
Klebe – ist ein harter und fester Schuss,
wa von „Martin Kree", ein Hochgenuss.
klemmen – etwas heimlich wegnehmen oder stehlen,
dann wiad dir irgentz un etwat fehln.
Kletschkopp – sind ungewaschene Haare, schlechte Frisur,
sowatt endet auma, inne Tonsur.
Klingelmännchen – alle Klingeln gleichzeitig drücken,
konnte unz Blaagn, doch sehr entzückn.

Klitsche – ein keines Geschäft oder eine Absteige,
da geh ich nich hin, da binnich zu feige.
Klapperkiste – ist ein unansehnliches Auto oder Moped,
dat is wat zum faahn, abba kein Bett.
Kloppe – ds sind Schläge und Prügel,
vom Vadda au ma, mit Güatl un Büügl.
kloppen – ist jemanden verhauen oder schlagen,
hömma komm hea, dat kannze dich ma waagn.
Kiste – das ist der Hintern und ziemlich groß,
um den zu züchtn, dat kostet Moos.
Klops – ist wenn ich etwas unüberlegtes tue,
dann gibbt der Geschädichte, bestimmt keine Ruhe.
Klotschen – das sind alte Holzschuhe,
se stehn bei mich, da inna Truhe.
Kluft – ist die elegante Kleidung
un se zu traagn, is ne Entscheidunk.
Klümpken – das ist ein Bonbon und sehr bekannt
un wiad im Ruhrpott, au Bömmsken genannt.
Klüngel – das sind alte Sachen,
wenne se anziehs, dann is mich zum lachn.
Klüngelskerl – ein Schrotthändler, der durch die Straßen zieht,
un übbaall anhält, woha Schrott am liegn sieht.
Klüsen/Klüüsn – das sind geschwollene Augen,
sowatt kricht man, tut man Leutz ansaugn.
Knaatsch – ist der Ärger oder Streit,
hömma zu dem, is man nie bereit.
knaatschich – ist quengelich, weinerlich und sauer,
abba der Zustand, is nich lang von daua.
Knabbel/Knäbbel – nennt man das Endstück vom Brot,
den Knapp futtastsse drög, in deina Not.
knacken – ist ein fester Schlaf,
dann is man ruhich un au ganz brav.

Knalltüte – das ist eine lustige unterhaltsame Person,
genau sonne Type, nach meina Fasson.

knappsn/knäppsn/kneppn – ist etwas Geld abzweigen
un somit, zum spaan neign.

knauserich – das ist einfach und zu geizig
un somit sich, de spaasamkeit einschlich.

knautschich – das ist sehr faltig,
da siehsse de Faltn, ganz gewaltich.

Knete/Knatta – ist umgangssprachlich für unser Geld
un mit viel Asche, regiasse de Welt.

Knibbelich/knifflich – das ist schwierig und kompliziert
un wiad im Pott, au nich studiaat.

knibbeln – ist das puhlen, an der Kruste der Wunde,
da fummelt doch jeda, irgentzwann ne Sekunde.

Knicker – bunte Murmeln aus Glas und Ton,
damit spielte schon ich, sowie heute mein Sohn.

kniepich – das bedeutet geizig und sparsam,
dat is schlau, abba nich aam.

Knies – ist ein Krach oder Streit,
den füahrt man meist un dann zu zweit.

Knifte – ist ein gut belegtes Butterbrot,
darauf freusse dich, in deina Not.

Knirps – nennt man ein kleines Kind,
weil Knirpze ebent, kleine Blaagn sind.

Knöppe – das sind die Knöpfe,
se lieegn bei unz in kleine Töpfe.

Knorke – das ist gut, in Ordnung, so etwa wie klasse
un dat is töfte, wat ich nich hasse.

knöttan – ist nörgeln, mäkel, meckern und jammern,
dat macht der Willi beim Skat un beim Klamman.

Knubbel – nennt man eine Vewachsung / die kleine Beule
un an sonnen Knubbl, kommt keine Fäule.

knubbeln/knuddeln – ist ein liebevoller Körperkontakt,
wo der Seega de Olle anne ….. packt.
knüddeln – ist etwas zerquetschen oder zerdrücken,
dann liecht et da, in matschign Stückn.
knuffig – das ist liebevoll, süß und nett,
un zimmlich schöön un so adrett.
Knülle – das ist besoffen und betrunken sein
un damit bisse, nich lang allein.
knüttan – das ist das meckern,
da kannz dich nich, mit Ruhm belekkan.
Kodderich – heißt schwindelig, unwohl und Krank,
dann setzte dich bessa, untaweechs ma auffe Bank.
Kohldampf – sagt man, ist der Hunger groß,
un waatet aufs Essn, wo bleipt et bloß.
Kohlentöte – ist ein Behälter für Kohlen und oben Spitz,
dat is kein Quatsch un au kein Witz.
Kokolores – ist der Unsinn oder auch Quatsch,
mach mich kein Kokolores, setz dich im Matsch.
kolone – ist durcheinander, nicht mehr ganz bei Sinnen,
dann dreht man duach un fängt am an spinn.
kookeln – ist das zündeln und anbrennen,
is wat am kookln, bisse am renn.
kooscha – da kommt einem etwas verdächtig vor,
hömma da binnich, sofoat ganz Ohr.
Köppa – ist der Kopfsprung vom Beckenrand ins Wasser,
dan is man nich trockn, sondan viel nassa.
Kopppinne – das sind die Kopfschmerzen
un bei Migrääne, gaanich mit zu scheaazn.
Körrywuast – Bratwurst vom Grill, mit Soße schön scharf,
de spachtelt der Pottla, geane nach Bedarf.
Köttl – ist ein Exkrement oder ein kleiner Bengel,
köttlt dat Blaach inne Büx, dann issa kein Engl.

Köttlbecke – ist der Abwasserkanal oder ein Bach,
ker, isset denn richtig, ich denk nomma nach.
Kottn – ein kleiner Bauernhof, Werkstatt, ein altes Haus,
da willze nich wohn un ziehs wacka aus.
kraakeln – ist sich aufregen und herumschreien,
dat is nich schöön un au nich fein.
kralln – jemand festhalten und zur Rede stellen,
sowatt geht, in den meistn Fälln.
Krampe – ist gebogenes Metallstück für die Ille,
damit getroffm zu weaden, dat is kein Wille.
Kraneberger – das ist das Wasser aus der Leitung,
dat kennze bestimmt, dat stand schomma inne Zeizung.
krauchen – ist körperlich am Ende / nicht gut drauf,
dann liecht man inne Poofe un gibbt sich auf.
Krauta – ist ein kleiner Handwerksbetrieb,
dat wusstest du sofoat un auf Anhieb.
krawuttich – ist wütend und aufgeregt,
gut dat sich dat, au eima leecht.
kröchtn/krötzn – ist das husten oder heiser sprechen,
dann is dir kodderich un fängz am brechn.
Kroppzeug – sind Leute auf die man verzichten kann,
hömma, dat leaanze bald un irngswann.
Kröte – ist eine Bezeichnung für ein kleines Kind
un de Kröddn, no Blaagn sind.
kroosn/kröösn – ist das kramen und wühlen,
dat kommt dich im Kopp, dat kannze fühln.
Krückmann – ist eine Gehhilfe oder Krückstock,
hömma auf beidet, hat man kein Bock.
krückn – schwer arbeiten, die Unwahrheit sagen,
da machsse dich Krumm, füa deine Blaagn.
Kubitschko – das is auf Raten kaufen,
sollte der Kerl, dat Geld vasaufm.

Kuddelmuddel – ist ein Gemauschel oder Durcheinander,
dat macht allet bei unz, der Allexanda.

Kuhle – ist die Vertiefung, Mulde oder salopp das Grab,
da liecht der drinn, der da veastaap.

kullan – etwas langsam am rollen, z.B. Kugeln oder Tränen,
dat wollte ich hia, au eima eawäähn.

Kummakasten – das ist der Fernseher,
dat sacht man so, denn dat glotzn fällt ein schwea.

Kumpel – ist der Freund und der Bergmann im Pott
un dafüa dankn, wir alle Gott.

Kurzer – ist ein Pinnchen hochprozentiger Schnaps,
den krisse in Kneipm un au in Papps.

Kwaatafutt/Kwattakopp – Quatschtante / Quasselstrippe,
un se kommbeide, aussa selbign Sippe.

kwaatan – nennt man das plaudern und das schwätzen,
dat is bei manchn, so gaanich zu schätzn.

kwaatzn – ist das rauchen und das kiffen,
hömma, dat hasse getz, do wohl begriffm.

Kwängel – ist ein verwöhntes Kind,
genau wie vawöhnte Blaagn, nu ma so sind.

Kwantn – das ist die Mehrzahl für Füße
un somit nomma, heazliche Grüße.

kwengelich – ist knatschig und weinerlich,
dat -K- is zu Ende, getz marrich´n Strich.

Döneken zum -K-

Da wa ich mit meina *Köte*, dem Kalle, voam *Kabachel* im Gaatn am *kröösn*, da kam der Nachbaa mit seina *Karre* angebrettat un hat se im *Kabüffken* apgestellt. Da habbich dem gesacht, datta mit seina *Klapperkiste* nich imma so *kachln* soll, weil hia auffe Straaße au kleine *Köttel* rumpeetzn. Da sachta dat ich nich sonn *Kack* eazähln un mia lieba de *Kanne* Bier am Hals setzn soll. *Ker,* der Kerl hat do wohl ein anne *Kappe* weisse un de *Käbbelei* nahm sein Gang. Hömma, wir *käbbelten* unz de ganze Zeit, bis de olle *Kamfschnacke* von Nachbaarin rauskam um unz zu umtüddeln. Wir beide, der Willi un ich, sinn dann abba wacka in unsre *Kabrache* vaschwundn, denn wia wolltn unz von der nich angraabm lassn. Ich mich also *krawuppdich* auffe *Kautsch* geschmissn un de *Kackstelzen* hochgeleecht un meine Olle gefraacht, wat et zu *kimmeln* gibbt. Se sachte, heute gibbet *Kälbazähne* mittn *Kantn* Brot. Wie sach ich, gibbet heute kein *Kappes*? Hömma, da wuade se abba *kiebich* un hat sich in ihr *Kabäusken* vazoogn un kam east widda zu *Käffken* un Kuuchn hearaus.

Hömma, ich bin dann inne Stadt, auffm Pütt gefaahn, um mich mitte *Keule* zu treffm, dat sach ich imma zu mein *Kumpel* Anton weisse, wnnn ich den sehn tu, also ich wacka inne Stadt an *kaazen* um pünklich inne *Kaue* zu sein. *Ker*, da kam der Anton widda *Klätschnass* ausse Grube sachte datse widda Wassaeinbruch voare *Kuhle* hattn un er de ganze Schicht darin am *keuln* wa. Da hamm wa unz east eima ne *Kippe* inne Muhle geschoobm un Anton wa am *kwaatan*, dat der Walla sich getz *Kaputtscheiben* lassn will. Der Walla hatte *kapaftich* ma sonn fettn *Kawenzman* auffe *Kwanten* bekomm un kann seithea nich mehr richtich laatschn un nua noch am *Krückmann* gehn. Hömma, dat is kein *Kinkalitzchen*, weisse. Hapma de *Kackstelzen* unta sonn *Kawenzmann* am liegn, dat is nich *Kiki*, *Kapito*, dann weisse Bescheit. Nachdem Anton un ich *kwaazn* waan un er sich sein *Kletschkopp* un der *Kellen* unta de Dusche waschn gehn wollte, hammwa unz noch ne *Kanne* gezoong un im *Käseblatt* geleesn. Ich bin dann au apgehaun, um nowatt beim *Krauta* zu holn. Auffm Weech binnich an sonn *Kottn* voabei, da wa ein Seega in seinen *Klotschen* voll *Knülle, mit Krawumm*, auffe Fresse gefalln, ich bin hin un hap ihn aufgeholfm. *Ker*, wat laach da ein *Kladdaradatsch* voare Hütte. Is ja au kein Wunda, datta sich da lang machte, denn der ganze *Killefitt* laach mittn im Weech. Der Seega wa sonn richtige *Kindskopp* un hatte ne kleine *Kitsche* am Deetz davon getraagn un hat mich mit sein Gelaber ächt *kirre* gemacht. Denn er sachte mich, datte ma gut *Klampfe* spieln konnte, abba et getz nich mehr kann un dat sich sonn *Klaubock* de *Klampfe* dann *klemmen* wollte. Hömma, weisse wat? Der Kerl wollte sich mich *kralln* un hat mir *Kloppe* angedroht, um sich mit mir zu *kloppen*, weil ich dem *Klaubock* wohl ähnlich sah. *Ker, keifte* der lauthals rum, da habbich mich umgedreht un bin den *Knaatsch* aussm Weech gegang. De *Knalltüte* wa zwaa no am *knöttan* abba ich hap mich nich dranne gestöat un bin na Hause.

Dann binnich weita am *klabastan* um die *Kitsche* von dem *Krauta* zu suuchn, meine *Klamotten* waan schon *klamm* duchm Reegn un meine Fusseln am *Kopp* so richtich *klätschich* gewoadn. Hömma, da kam ich auf den *Klops*, ich kauf mich ne neue *Kluft* mit schicke *Knöppe*, denn ich konnte meina Olle ja wat an *Knete knapsen*, denn meine is in diesa Hinsicht zu *knauserich*, vastehsse. Da sah ich untaweechs sonnen *Knirps* am *Klingelmännchen* machn un dachte, dat is ja *Knorke*, töfte dat habbich als *Krödde* au imma gemacht. So langsam bekam ich abba au *Kohldampf* un bin inne Frittnschmiede un hap mich ne *Körrywuast* gegönnt. Danach binnich anne Bude um mich meine *Klümken* zu holn, da inne Bude wa sonn *Klappagestell* hinta de Theke am bediein. *Ker,* wa dat ne *Kwaatafutt,* se quatschte nua *Kokolores* un wa im

Schäädl ächt *kolone*. Se sachte mich, datse ihre *Klätsch* hätte un *Koppinne* habe un ihr **kodderich** sei un kaum *krauchn* könne. Hömma, wat intressieat mich dat dumme Gelaba? Soll se dat doch ihrm Frisör eazäähln. De olle Tussi kam mich *kooscha* vor un bin gegang.

Als ich weitaging kam ich anne *Köttelbecke* voabei un da stand ein *knuffiger Knirps* mit *kullande* Tränkes inne *Klüüsn un* wa so *kwengelich* un wollte doch tatsächlich n´ *Köppa* inne Becke tun, wovon ich ihn abba zum Glück aphaltn konnte. Ich fraachte ihm warumma so *kwängelich* sei un da runna hüppen wollte un der sachte mich, datte mit seina festn *Klebe* de Schaufenstascheibe eingeschossn hatte. Der Besitza wa zu ihm so *krawuttich* un *knatschich,* datta ihm *Knies* angedroht hat un weil sein Vadda so *kniepich* mitte *Knete* sei un Angst voa ihm hatte ihm da zu sagn, wollta sich vonne Brücke stüazn. Da habbich ihm de *Klapustaperln* ausse *Klüsen* gewischt un bin weita. Irgendzwo wa wat am *kookeln*, ich vanahm ein Duft den ich genau kannte, der wa so, alz wennich inne *Kohlentöte* de Muttaklötzkes vabrenn wüade, so richtich holzich, wennze weiss wat ich mein!? Da wa eina am *klamüsern* um sein Oofm anzubekomm un hat da de olln *Klüngel* mit angezündelt. Na ja, dacht ich, lassin ma machn, der hat dochn *Knubbel* im *Kopp*.

Da wa ich endlich beim *Krauta* angekomm, abba ich wa *klamm* un hap mein *Knatta* wohl untaweechs valoaan, zum Glück konnte ich bei dem auf *Keife* kaufm, dat wa zwaa east zimmlich *kniffelich* wa abba nachha doch auf *Kabitschko* ging. Ich untaschrieb also den Vatrach mit meina *Klaue* un nahm de *Kluft* mit na Hause. Damit meine Olle von dem Kauf auf *Keife* nich meakn sollte, *knüddelte* ich den Vatrach un waaf den inne Tonne. *Ker*, dacht ich, dat issn Pilsken un nen *Kurzer* wert un machte ein Abstecher inne **Kneipe**, da ich ja keine **Knete** beihatte, machte ich'n Deckl. Auffm Weech sah ich Blaagn am **Knicker** spieln, se **kitschtn** se aneinanda un dann **kullantn** se inne **Kuhle**. Eina vonne Blaagn hatte ne Ille un vaschoß **Krampen** un traaf mich voll auffe **Kiste**. Oh, dachtich, da hamm de **Klabusterbeern** abba **Kirmes**. **Ker**, dieset **Kroppzeuch** sachte ich laut un fing an zu **kröchtzn**, weil ich mich wohl ein eingefangen hatte. Mir wuade au schonn ganz **kodderich** un meinte, da hilft nua **knacken** gehn. Also machte ich mich wacka na Hause auf meine **Kautsch**, indessn is meine **Kluft knautschich** gewoadn un hapse inne Ecke gepfeffat. Nachm ganzn **Kuddelmuddel** heute holte ich mich ein **Knäbbel** Brot ausse Küche un machte mir ne leggere **Knifte**. Mein **Knubbel** anne **Kiste** tat mich weh un ich wollte drann **knibbeln**, alz der **Klüngelskerl** schellte, ich raus un sachte dat ich nix happ. Da kam meine Olle an un sachte: „ich mach getz den **Kummakasten** aus, is eh nix am laufm drin" un wollte mich **knuddeln**, se *killate* mich übbaall un wir hattn noch mächtich Spässken, wennze vastehss, wat ich mein, nä.

Un wenn der **Klüngelskerl** kommt, kannze gut **Knatta** machn un **Knies** einkeimsn, abba nua dann, wennze wat hass un deine Frieda nich mit dich **knuddeln** will, vastehsse!?

-L-

laatschn – ist langes, weites oder einfach laufen, dat isso beim Wandan, oda beim Einkaufn.
labberich – das ist weich, geschmacklos und laff, so sin de Pommes, innen Kaff.

labern – ist das lange sprechen ohne Sinn,
denn son Laberkopp, hattn schomma n´splien.
lackn/latzen – ist abdrücken und bezahlen,
un dabbei, bisse nich am strahln.
Laffka – ist Ärger oder Schwierigkeiten,
dat gibbet schomma, ja so beizeiten.
Lappen – ist die Zunge und der Führeschein,
den zeichsse ungean, zieht man den Lappm ein.
Lalla – das ist ein Wort für die Musik,
für Rock, Pop, Mättel un Klassik.
läppan – anhäufen von viel Geld,
wenn et dich, inne Flossn fällt.
Lappes – ist eine vergnügte alberne Person,
macht gern auf Lärri, dat kenn wa schon.
Larifari – ist eine unsachgemäß ausgeführte Sache,
z.B wenn ich wat, nich oandtlich mache.
Lärri – sich ausnutzen oder lächerlich machen,
dat is manchma, gaanich zum lachn.
Laschen – ist die Mehrzahl von Ohrfeigen,
hömma dann kannze, rote Löffel zeign.
latschen – das ist Ohrfeigen verteilen,
willze eine, musse dich beeiln.
latte (das ist mir) – das ist gleichgültig oder egal,
op mich wat latte is, dat is meine Wahl.
Latte (anne) – nicht bei Trost/Bierdeckel / Erektion,
hömma allet, hatte ich au schon.
Lattenschuß – da ist jemand nicht ganz bei Sinnen,
die sin geane, dann ma am spinn.
Latüchte – ist eine Lampe, heller als eine Funzel,
da siehsse beie Olle, schomma ne Runzel.
Lau – wenn man etwas umsonst bekommt,
gibbet wat füa Lau, kommse alle prompt.

Laube – ist ein kleine Gerätehaus oder die Gartenlaube,
se steht im Schräbbagaatn, wat ich glaube.

Laubenpieper – ist der Kleingartenbesitzer,
der is im Schräbbagaatn, ein Holz-Schnitza.

Lauscheppa – ist jemand der auf Kosten anderer lebt
un dannoch, Ansprüche eahept.

Läuseharke – ist ein schmuddeliger Kamm,
weil ihn de Leutz, inne Tasche hamm.

Lautn (mammanich den) – heißt: spiel dich nicht so auf,
ker sonnz krisse, ma eine drauf.

Leckofanni/Leckomio – alle Achtung / Donnerwetter,
un mit ein Schlach, liechta auffe Bretta.

Lellek – ist ein Laufbursche, an sich eine dumme Person,
den gibbet übbaall, abba dat wusstesse ja schon.

linnsn – ist heimlich schauen, oder lauern,
erwischt man irgendzein, issa zu bedauern.

Limburger – das war einmal der Tausendmarkschein
un der Adler, passte zehnma innim rein.

Lodda – ist der Männernahme Lothar
un is füa de Kumpelz, issa imma da.

löhnen – ist etwas bezahlen
un mittn Kauf, mächtich zu praahln.

lollich – ist lustig sein,
beömmeln tuhsse dich, von ganz allein.

löötn – heißt: sich einmal zu betrinken,
un im Allohol, quasi zu vasinkn.

Lorbass – ist eher ein Schelm als ein Lümmel,
man ihn schnell varzeiht, diesn klein Krümml.

Lorenz – ist der Name für die Sonne,
wennse scheint, isset volla Wonne.

Löte – nennt man die Flasche Bier,
die süppln wa im Pott, au gerne hia.

Luckilucki – ist sich etwas vorsichtig anschauen,
um villeicht, ma wat zu klaun.
Lümmeltüte – das Presavativ oder scherzhaft für Kaputze,
ker weisse beidet, dat is zum Schutze.
lullen – lange an eine Zigarette nuckeln / kalt rauchen,
hömma,ich sach dich, dat kann schonn schlauchn.
lurig – ist müde, schlapp und erschöpft,
dann hat man dich, allet apgeknöpft.
Lusche – ist eine niedrige Spielkarte / ein Versager,
jau beidet is nich, voll der Schlaaga.
Lutsche (volle) – ist mit Kraft und Energie/Flasche Bier,
ker dabei, gehsse inne Knie.
Lütte – ist das kleine Kind,
manchma is son Lütte, ganz schön geschwind.

Döneken mit -L-

Hömma, da binnich so am *laatschen* un da kam mich son
Lütte entgeegn un hatte ne *Lutsche* inne Poote un sach zu dem,
„Dat willze do wohl nich selba saufm, nä.", da sachta do zu
mich, ich soll nich den *Lautn* machn un nich so dumm *labern*
sonnz krirrich *Laffka* von sein altn un streckt mich sein feuchtn
Lappen entgeeng. Hömma, binnich denn der *Lärri?* Da
fraachse ganz freundlich un dat Blach macht den *Lautn.* Nee,
nee, nee, in wat füana Welt leehm wa denn!? Abba dat soll
mich do getz *latte* sein, weisse. Auffm Schreck binnich dann
inne *Laubmkollonie* rein un wollte mittn *Lodda* ein bissken
labern, der hat da nämlich ne *Laube* am stehn un is
Laubenpieper, weisse!? Also ich da hin un eastma *Luckilucki*
gemacht, oppa da is, jau, de *Latüchte* brannte un ich rein inne
Laube. Leckofanni, der *Lodda* machte widda ein auf *Larifari*

un wa sich ein am *löötn*. Da sachich zu dem: „Hömma du *Lappes*! Wat hasse de *Lalla* so laut, willze ne Paaty schmeissn?" da sachta do füa mich: „Ker Michi, wie is du olla *Lauscheppa*, willze widda auf *Lau* süppeln, dann nimm dich ne *Löte* aussm Kühlschrank." - „Nee" sachte ich, nich füa *Lau* hömma, ich tu dat schon *latzn*, vastehsse!?" Un so saaßn wa den ganzn Tach inne *Laube* un *löötetn* unz ein. Alz dann der *Lorenz* rauskam simma dann raus un ham da weitagezecht.

Am Aahmt hat der *Lodda* seinen *Lellek* nache Frittnschmiede geschickt um wat zum spachtln zu holn. *Leckomio*, de Pommes waan *labberich*, ker, de konnze gaanich futtan, ich fand dat nich *lollich* hömma. Wäar ich der *Lodda*, ich hättse zurück gebracht un dem gefraacht oppa nen *Lattenschuß* hat un oppich ihm ein paar *latschen* soll, denn bei so *labbrige* Pommes, hasse *Laschen* vadient. Den *Lodda* wa dat allet *latte*, weisse un hat die gefuttat. Also hammwa unz weita volle *Lutsche* dem Allohol gewidmet un unz de *Lutschen* reingezoong. Alz dann langsam der Mond von Wanne aufging, kam den *Lodda* sein *Lorbass* inne *Laube*, der hat doch äct ein anne *Latte* weisse, der hatte sich ne *Lümmeltüte* übban Kopp gezoogn un wa heimlich am *linnsn*, wat wa wohl an machn tun un wollte unz easchreckn. Da sarrich zu dem: „Hömma, dich hammse abba au mittn *Läuseharke* gekämmt, nä, de *Lümmeltüte* kommt nich da oohm am Kopp, nee, se kommt da untn übban Kopp, wennze ne *Latte* hass, vatehsse!?" un hamm unz beömmlt, weisse Bescheit, nä!

Ker, irngxwann, späat am Aahmt, schonn fast inne Nacht, da sarrich zum *Lodda*, dat ich de Biege machn will un wat ich zum *löhnen* hap. Da sachta doch zu mich, dat sich da ganz schöön wat am zusamm am *läppan* sei. Hömma, mich wuad ganz schlecht umme Nase, weisse un wa an meina Fluppe am *lullen*. Da sachta zu mich:

„Ey Micha, du **Lusche**, wat bisse heute so *lurig*, wollze ächt schonn gehn, komm wir nehm nochn Absacka un dann faahr ich dich na Hause, ich weissja datte den **Lappen** nich mehr hass un weile sonnen töftn biss, bisse eingelaadn un brauss nix zu *latzn*. Denn de Strafe wa ja schonn Strafe genuch. Den **Limburger**, dene *lackn* musstes, hättn wa do bestimmt lieba vasoffm, nä." - „Jau", sachte ich un wünschte nochn töftn Aahmt un ging heim.

Ja so ist dat, wennze inne **Laumkolonie** mitte **Laubenpieper** inne **Laube** am sitzn tuhs un dich ne **Lutsche** lutscht, dann isset nich imma füa *lau*, nee, da musse au schomma *lackn*, weisse!

-M-

Macka – ist abwertend für Freund oder Mann,
der in sein Leehm, so gaanix kann.
Malakofturm – ist ein Förderturm, massiv verkleidet,
der sich vonnem Fördagerüst, voll untascheidet.
Malässe – ist Ärger, Schwierigkeiten, in großen Nöten,
dat is bei mich, der Aasch am flöötn.
Malochen – das ist arbeiten und schwer schuften,
da tun sich einige, geane ma vaduften.
mampfen – ist schnell und geräuschvoll essen,
genau wie de Viecha, laut am fressn.
Manni – ist die Kurzform für Manfred,
abba der Name Manni, hömma der geht.
Manschetten – ist Angst und Bange haben
un sich voa lauta Scham, zu veragraabm.

Mantaletten – die Cowboystiefel, die waren mir Latte;
nua weil ich, kein Manta hatte.

Mantaschale – das sind die leckeren Pommes rot-weiß,
abba nua mit Körrywurst, schöön schaaf un heiß.

Mantaplatte – ist Cuyywurst-Pommes rot-weiss,
hömma so heißt dat, dat is kein Scheiss.

Mappe – ist das Gesicht oder die Fresse,
da bekommsse ein drauf, wennich mich vagesse.

Maschore – ist die eine Masse oder eine Menge,
dat muß wech, langsamm wiad's enge.

mächtich – ist üppig, groß oder viel,
dat is eehmt, der Ruhrpott-Stil.

Mämme – ist ein Feigling mit Muffensausen
un der tut sich, voa Entscheidungen grausn.

Männe – ist der Gatte oder Ehemann,
wat mitte Hochzeit, eima begann.

Massel – ist Glück, in allem haben,
un sich freun un dranne laabm.

Matka – nennt man die Gattin und eine dicke Frau,
se höaan et nich gean, dat weissich genau.

Matschauge – ist ein blaues Auge oder Veilchen,
nach nen Schlach, dauatz n´ Weilchen.

Matschbrötchen – ein leckeres Brötchen mit Negerkuss,
dat is imma nochn, nen Hochgenuss.

Matte – sind lange Haare bis über die Ohr´n,
se hamm beim Kerl, nix mehr valoran.

Mättzkes – sind kleine oder große Umstände machen,
dabbei is ein, nich zum Lachn.

mau – heißt: hier ist nichts los oder sich Krank fühlen,
bessa so, alz Tella spüln.

Mauken – das sind Füße, ich glaube eher Käsefüße,
dann ma Tüssken un liebe Grüße.

Mäusken – ist für die liebste ein Kosename,
halt hia im Ruhrpott, füre Dame.
mauscheln – etwas tun am Rande der Legalität,
wennzet merkz, isset zu spät.
Meckafott – ist ein Nörgler und Querulant
un zu alln Menschn, sehr ungalant.
Mecki – ist die Frisur, Haare, ein kurzer Schnitt,
dat is beim Bund, der erste Schritt.
Meise (ein anne) – heißt: bist du nicht ganz bei Sinnen,
hömma dann is eina, voll am spinn.
meschugge – ist dumm, unvernünftig oder verrückt,
so binich halt un bin entzückt.
Miese – sind Minuspunkte oder Schulden auf der Bank
un der €uro, der liecht im Schrank.
Mischpoke/Meschpoke – ist die Familie / alle Verwandte
un au die, die ich nich kannte.
Mistbolzen – ist eine Person mit allen Wassern gewaschen
un vadient einma, richtich kräftige Laschn.
Mocke – ist Schlamm oder Matsche
un de Blaagn, saang dazu Patsche.
modderich – schlammig oder dreckig,
daduach wiakt de Kleidung, eher speckich.
mollich – ist ne rundliche Figur oder schön warm,
nimmt dich de Mattka, dann innen Aam.
Moneten – ist Geld, Kohle, Knete, Penunsen, Asche
un hasse inne Patte, inne Hoosntasche.
Möpp – eine liebevolle Anrede einer knuffigen Person,
se spricht man an, innem freundlichn Ton.
moppern – ist schimpfen und sich aufregen,
wenn sich Moddels, nich richtich beweegn.
moppsen – ist das klauen oder stehlen,
jau dann wiad dir, wohl etwat fehln.

Möpse – ist das Geld oder die Brüste.
Ker wat ich lieba hätt, wennich dat wüsste?
mosern – ist schimpfen, von moppern die leise Form,
wird au ma lauta un dat enorm.
Mottek – das ist ein großer Hammer,
haut sich eina aufe Flosse, höaasse dat Gejamma.
Mottenfiffi – das ist ein Pelzmantel oder eine Perücke,
womit sich de Olle, so geane schmücke.
Mucke – ein Ausdruck für die Musik
un dat von Mättl, bis Klassik.
Muckefuck – ist ein dünner wässriger Kaffee,
ker dann süppl, domma lieba Tee.
Mucks – ist kein Laut hören, das es still sein soll,
dat is manchma bessa un sehr sinnvoll.
mucksen/mucksich – ist beleidigt oder verärgert sein,
da fängt man auma, an zu wein.
müffeln – ist das schlechte riechen oder stinken,
bei altn Kääse oda Schinken.
Muffe – ist Angst haben, ängstlich sein
un sich de Seele, ma rauszuschrein.
Muhle (halten) – das ist der Mund,
wenn eina neavt, isset n´ Grund.
muggelich – dann war es gemütlich oder warm,
wenn ich da, ausse Poofe kam.
Mummpitz – heißt soviel wie Unsinn machen,
dat is zum wein un zum lachn.
Murmel – ist der Kopf, ein Fußball / Glas-Tonkugel,
ker gaupz mich nich, dann geh bei Googl.
Mutterklötzken – brachte der Kumpel von der Zeche mit,
dat issn Heizmaterial, mit viel Esprit.
Mütze (anne/inne) – ist der Kopf / betrunken sein,
ker ich fang gleich, ma anze schrein.

Döneken mit -M-

Der *Manni* un ich waan ma auffm Pütt, da wo der *Malakowtum* am stehn is, zusamm am *malochen*. Der *Manni* hatte oft beim raubm vonne Strecke ächte *Manschetten* un zooch voll ne *Mappe*, wenna de *Maloche* machn musste. Denn der *Manni* wa ma untam Bruch gekomm, hatte abba *mächtich Massel* gehapt, dat ihm nix großaatiget passiat is, weisse. Er hatte sich dammals zwaa de *Mauken* gebrochn un nen *Matschauge* davon getraagn, abba zum Glück, et is nix weita zurück geblieem.

Ker, de ganze *Maschore* is dammals im Ort ausse Fiaaste runnagekomm un ihm auffe Flunken geknallt, vastehsse!? Deshalb macht der *Manni* getz imma *Malässe* un hat *Manschetten*, dat heißt abba nich, datta ne *Mämme* is. Nee, nee, dat issa nich, er is eaha ne knuffige *Meckafott* un hat leicht ein anne *Meise*. Der *Manni* issn töftn Kumpel, der macht füa unz imma de *Muttaklötzkes* zurecht un wir *mauscheln* oft zusamm. De Klötzkes *moppsen* wa dann heimlich ausse Grube un nehmse füa de Olle mit na Hause, datse den Oofm gut einheitzn kann. Inne Kantie kricht der *Möpp*, wie ich zum *Manni* manchma sach, von mich imma ne *Mantaplatte*, der ißtse so geane, weisse. Ich nimm mich meist au eine, oda ne *Mantaschale*, wenn ich kein Kohldampf hap. Ker, wat haun wa da rein, wir sin so richtich am *mampfen* un anschließnt saagn wa der *Matka* hintam Treeesn, se soll unz nochn *Muckefuck* tun un dann gehma heim.

Hömma, dat muss ich dich eazähln, de olle *Matka* ausse Kantine nä, dat is ne *mollige* Olle un hat dicke *Möpse*, weisse. Ich glaup dat *Mäusken* trächt ein *Mottenfiffi* auffe *Murmel*, denn se macht manchma so *Matenten* un wacklt mit ihrn

Mecki. Un wenne zu der ma, „*Mäusken*" sachs, fängse imma am *mosern* un wenne weita machs, am *moppern* an. Der *Macka* oda ihr *Männe*, kommt oft inne Kantine voabei. Ker, der Seega trächt imma noch de *Mantaletten* un hat ne lange *Matte* un sacht niemals ein *Mucks* zu unz, nonimma Tach oda Tüssken. Der holt sich bei seina *Matka* imma ein *Matschbrödchen* un sacht, datse keine *Mättzkes* machn un de *Mucke* lauta drehn soll. Der Kerl is in mein Klüsen *meschugge* un mittn *Mottek* gekämmt un hat füa mich ein anne *Mütze*. Ich mach den *Mistbolzen* einfach nich, denn ich kenn seine ganze *Mischpoke*, se wohn gegnübba un de sin übbaall am *mucksen*, wose au hinkomm tun un machn *Mummpitz*. De Blaagn von denen hamm au kein Benehm, se renn den ganzn Tach *modderich* rum un *müffeln*, se beleidign de Leutz un wennze ma wat sachs, dann saagn se: „Haltz *Maul* alta, sonnz krisse wat auffe *Muhle*", un beschmeissn dich dann mit *Mocke*, da kannze manchma äct *Muffe* kriegn, weisse.

So, getz geh ich ma nache Bank un glotz ma, op de *Miesen* aufm Konto ausgeglichn sin un hol mich ein paar *Moneten*. Dann geh ich na Hause, marret mich *muggelich*, leech de *Mauken* hoch, denn mich is heute so *mau* un mich gehdet nich gut, weisse.

Also Tüsskes
un Glück auf

-N-

Nä – damit ist gemeint; ist doch wahr, nicht wahr?
Ja nee, dat is do klaa.
Nee – heißt: Nein,
so musset sein.
nabbeln – ist genüßlich etwas knabbern,
ohne ma, sich zu beschlabban.
Nachtpolta – ist ein Schlafanzug oder Nachthemd,
wat appmzu, inne Kimme klemmt.
nackent/nackich – ist nackt, so ganz ohne Kleider,
hömma dafüa brauch man, kein Schneida.
nageln – ist schnelle fahren oder Geschlechtsverkehr,
für beidet gibbet, keine Gewähr.
neehmbei – heißt ganz einfach nebenbei,
abba dat is dir, ja einalei.
Nikklaus – das ist zur Weihnachtszeit der Nikolaus,
kommt zure Blaagn, in jedet Haus.
nickelich – ist geizig, störrisch und beleidigt,
un darauf is man, so nich erpicht.
Nippes – nennt man wertlosen Kram,
steht inne Vitrie, mit volla Scham.
Nöppel/Nöppke – ist ein Nippel und ein Pinn,
dat Dingens hat, au sein Sinn!
nonnich – das heißt: noch nicht,
nonnich heißt et, wie manz im Ruhrpott spricht.
Nönnken – ist eine Ordensfrau, auch Nonne genannt,
läuft meist schwatt rum un hat nonnie de Sonne gebannt.
Nonnenfürzken – das sind Mutzenmandeln,
un sich im Maagn, in Füazkes vawandln.
nööln – ist das nörgeln und jammern,
dat höaat man, hinta vaschlossne Kamman.

noppes/nöppes – das ist gratis oder umsonst,
wennze wat, füa "notting" bekommst.

Nuckelpinne – kleines langsames Auto / eine Flasche,
fracht sich nua wat, ich schnella eahasche.

Nüdelkes – ist die Mehrzahl für Nudeln,
werdn se gar, is dat Wassa am sprudln.

Nülle – ist derb für Penis und abwertend für Nase.
Wat hat deine Perle lieba, dein schnuckliga Hase?

Nulpe – ist eine Null oder ein Versager,
se komm beide, aussm gleichn Laaga!

Nüschel – so nennt man die Nase,
damit riechse, so manche Gase.

Nüsse – so nennen wir im Ruhrpott die Hoden,
zum Glück hängse unz nich, bis zurem Boodn!

Döneken zum -N-

Da sammama mitte *Nuckelpinne* zu *Nikkelaus* aufm Weihnachtzmaakt, um unz ein bissken de Zeit zu vatreibm. Da kama annem Stand un da gaap et *Nonnenfürzken*, die hamma unz dann mitgenomm, um wat zum *nabbln* inne Täsch zu haabm. So ganz *neehmbei* hamma au nochn paar gebraatne *Nüdelkes* mit Hühnken gefuttat un wertlosn *Nippes* geschossn. Meine Olle wa mitma *nickelich* gewoadn un wa am *nööln* un wollte na Hause. Untaweechs zur *Nuckelpinne*, kamen unz zwei *Nönnken* entgeegn, ich glaup die hattn ein im Schuh! De eine sachte imma: *Nee, nee, nee* un de andre beömmelte sich un hielt sich ihrn Wamps. Da vanahm mein *Nüschl* ein lekkren Duft, ich also den Duft folgend un kam annen Stand mit Körrywuast un da gabet alz Angebot wennze drei Wüaste nimmz, eine füa *nöppes*, ich also drei genomm un zwei

94

gelackt. Mein Hunga wa gestillt un wir sinn dann widda heim gefaahn un meine Olle sachte mitma: „Hömma Michi, dat wa domma widda ein töftn Tach, *nä*! Wolln wa nochn bisken kuschln?" Ker hömma, ich sofoat jaaaa gesacht weisse, denn et kommt ja nich so oft voa, dat de Olle wat von dich will, vastehsse!?

Wir inne Bude rein, der Tür apgeschlossn un unz *nackent* gemacht, de Olle hat schomma dat Baadewasse füaret Voaspiel einlaufm lassn, abba den *Nöppel* vonne Wanne nich gefundn. Also wa nix mit baadn un Wassaspielkes, weisse. Ich stand dann wie Gott mich schuf, so ganz ohne Klamottn, *nackich* vor mein Mäusken, da sachtse mitma:
„Ker, Michi, *nageln* is heute nich, ich hap meine Klätsch gekicht un aussadem, simma *nonnich* gewaschn. Bessa is, zu ziehs dich schomma dein *Nachtpolta* an, damit ich deine *Nüsse* nich mehr seh. Un weisse wat, du wiasst langsam alt hömma, de *Nüsse* häng schonn tiefa runna, wie de *Nülle*. Un wennze eima dabei bis *nä*, such schomma den *Nöppl* vonne Wanne, irngswann wollwa ja ma baadn, weisse."
Ker, da habbich mich umgedreht un hapse einfach stehn lassn, sollse den *Nöppel* do selba suchn. Ich wa so deppremiat un fühlte mich alz *Nulpe*, wenne vastehs wat ich meine, *nä*.

Hömma, wennze ma widda *nackich* voa deina Olle am stehn tuhs, *nä*, da seh zu dat dich de *Nülle* steht un der *Nöppl* inne Wanne is, dann kannze au *nageln*, dat vasprech ich dich *nackent* inne Hand!

-O-

Öaken - nennt man das Öhrchen,
se lauschn oft, an manch so Töaachen.
Oaan – das sin die Ohren,
da wett ich mit dich. Wette valoarn!
Obamann – nennt man ein Hut,
mich stahta nich, doch andren gut.
Ockn – ist im Ruhrpott Geld,
dat is dat, wat man inne Flosse eahält.
oll – das ist alt, oder jemand ist alt
zwar noch am leehm un nonnich kalt.
Olla – ist der Ehemann, Freund oder Mann,
dat issn Seega, der allet kann.
Olle – ist die Frau, Ehefrau oder Freundin,
macht auf ne Art, au nen Sinn.
Ölleken – das ist der Zweg und/oder das Männchen,
steht meist im Gaatn, mit nen Gießkänncken.
Olsche – **ist** ein Kosewort für alte Frau,
meißt mit ner Haartracht, in Silbagrau.
Omma – wird die Oma und Großmutter genannt,
hia im Pott allseitz bekannt.
Omme – ist der Kopf oder die Nase im Gesicht,
un dir ein Kerl, de Ömme bricht.
Ömme – das ist die Nase, der Zinken,
riechn tun se, sollt et ma stinkn.
Ömmel – ist der Penis oder ein großen Gegenstand,
den hält man schomma in seina Hand.
ömmelich – ist unansehnlich und klein,
hömma, dat kann vielet sein.
Ömken – ist eine alte gebrechliche Frau,
de aame alte, hilft keine Sau.

Ömmes – ist ein sehr großer Mann,
der alz Blaach schonn früh, zu wachsn begann.

Ööfsken – ist ein kleiner Ofen,
der hält dich warm, au beiem schwofm.

öögeln – nett man das äugeln oder gucken,
abba dat soll mich, gaanich juckn.

ööln – nennt man im Pott das schwitzen,
dat tut der Balch, sich übbahitzn.

Oppa – ist der Opa oder der Großvater,
un in alln Laagn nen´ guta Leehmsberata.

oppe – ist erschöpft sein / die Abkürzung für: ob du,
ker, dat issn alta Schuh.

Oppek/Öppes/Öppsken – ist der Opa, ein alter Mann,
dem sein Leehm, ganz früh begann.

orgeln – ist das kurbeln oder den Motor lange anlassen,
manche orgeln, dat is nich zu fassn.

Ort – ist der Arbeitsplatz des Bergmann,
der malocht da, weila dat kann.

Oschek – nennt man ein riesiger Gegenstand,
issa groß, wirta imma eakannt.

Oschi – ein großes Teil oder Brocken,
der is so groß, dat haut dich ausse Sockn.

ösich – ist vertrackt, ärgelich und unangenehm,
dat is nich gut un unbequeem.

össelich – ist übel, schmutzig und nasskalt,
so isset bei Reegn, allein im Wald.

Ötsch – ein kleiner Vogel oder auch Spatz,
issa nich süß, der kleine Fratz.

Döneken mit -O-

Meine **Omma** un mein **Oppa** sin leida schon lange vastoam, abba ich weiß noch, dattse wennich se ma besuuchn kam imma aussm Fenstaken am **öögeln** waan. Inne Stube hattn se nen **ollet Ööfsken** am stehn un wemma da reinkam, waasse sofoat am **ööln**, weisse. Mein **Ömken** wa schonn zimmlich gebrächlich, doch wennich bei se bei kam, kraulte se mich imma anne **Öaken** un sachte lieb Sachn zu mich. Mein **Oppa** wa ein **Ömmes** von Kerl, der hatte ne dicke **Ömme** un gewalich große **Oaan** un truch wenna raus ging imma ein **Obamann** auffe **Omme**. **Öppsken** sachte imma, datta unna Taage, voa **Ort** am malochen wa un manchma richtich große **Oscheks** an Steinkes aussm Hangenden runna kam, nachdem se geschossn hattn. Un dat, wenne da ne ganze Schicht innem **össelichn** Wassa am stehn un malochen waars, dich dat total **ösich** wa un Aahms zu Hause waasse total **oppe**. Ganz früha hatte mein **Oppek** gesacht, da hammse de mickrign **Ötsch** inne Käfige mit na unta Taage genomm un wennse vonne Stange gefalln sinn, wa Gas da un ma musste wacka vaduftn.

Mein **Oppa** hatte ne Menge **Ockn** auffm Pütt vadient un de **Olle**, wat de **Omma** is, de Knete rausgeschmissn, sachta ma, denn se hat imma **Ölleken** gekauft un se im ganzn gaatn vateilt, wose getz noch am stehn sin. Gut dat meine **Olsche** nich son Hang danach hat. Meine **Olle** sacht imma zu mich: „Ey **Olla**, hasse'n **Oschi** inne Bux, oda is dein **Ömmel** widda **ömmelich**", dat meintse zum Scheaz füa mich, weisse. Also, ich muss getz wacka gehen, weisse, denn meine Karre is beiem Aldi am stehn un is nich angesprung, ker, wat wa ich am **orgeln** hömma, hoffntlich sprinktse getz an.

Un denk daran, wenn der **Oppa** ne dicke **Ömme** inne Fresse hat
un große **Ooa**n, dann träächta bestimmt au nen **Obermann**
auffe **Omme**.

-P-

Paddi – nennt man die Party im Ruhrpott,
da hüppm de Leutz, ganz heftich un flott.
Palaawa – ist ein ergebnisloses langes Gerede,
meist mittn Nachbaa, unsan Oppa Ede.
paletti – das heißt fertig, alles geht klar,
so sachse im Pott, dat is wundabaa.
Paluschn – die Mehrzahl von Hausschuh oder Pantoffel,
damit laatschte im Kella un hoolz de Kartoffl.
Pampa – ist salopp für Einöde, ländliche Gegend,
dat is fürn Pottie so richtich bewegnd.
Pampelacke – ist der Schlamm oder der feuchte Dreck,
sin de Blagen da drinn, hat rufm kein Zweck.
pampich – ist frech oder auch trotzig sein,
so sin viele Blagen, dat find ich nich fein.
Pann – nennt man eine Pfanne, die man gerne nutzt,
de is vonne Olle un wiad gut geputzt.
Panhas – ist ein günstiges Essen, einfaches Gericht,
gibbet nich nua im Ruhrpott un wat mich nich zuspricht.
Panne – ist eine Schaufel oder dumm und verrückt,
damit kanna gut pannen, wenn den Dummen dat glückt.
Pannemann – ist ein Dummkopf und ein Pannekopp,
so sachsse im Ruhrpott, ganz einfach salopp.
Pannschüppe – eine Bergbau-Schaufel mit kurzem Stiel,
damit kannze gut pann, denn darauf passt viel.

Pappe – nennt man salopp den Führerschein,
nimmt ein Bulle den wech, dann isset gemein.

Pappnase – ist ein Dummkopf / Verkleidung in Karneval,
issn rota Gummizinkn un gaanich mein Fall.

Paselackn – abwertend für Proleten und die Unterschicht,
so sacht man im Pott, wenn man von denen spricht.

Pastek – ist der Pfarrer oder Pastor,
der is inne Kiiache un steht voane voa.

patent – sagt man zu gut, klug, gewitzt und gescheit,
is dattn patenta Vatreeta, issa zu allm gefeit.

Patschhändchen – das ist die Mehrzahl von Kinderhände
un se betatschnimma, de ganzn Wände.

Patte – ist das Portemonnaie oder Brieftasche,
un hass darinn, de ganze Asche.

Pättken – ist ein kleiner Weg oder Gasse,
da laatsch ich nich geane, weil ich se hasse.

pattuu – heißt unbedingt oder etwas durchsetzen,
macht eina dat nich, dann fliegn de Fetzn.

Pawlak – iat abwertend für Pole oder Prolet,
sachsse dem dat, isset meist schonn zu spät.

Pedda – ist der Kurznahme für Peter,
andre Männanaam, se gibbet späta.

peesn – das ist schnelles laufen oder auch rennen,
hömma mein Jung, dat musse do kenn.

Peias/Peiaskopp – wird der Trottel / Dummkopf genannt,
so issn Peiaskopp, eehmt ohne Vastand.

peiln – ist das verstehen oder kapieren,
dafüa brausse im Pott, au nich studiean.

Pellemänna – sind die Pellkartoffel,
mach ich se zu Haus, steh ich untam Pantoffl.

Penunsn/Pinnunsn – nennt man im Ruhrpott sein Geld,
hasse Asche oda Moneten, dann bisse´n Held.

Perle – das ist der Kosename deiner Freundin
un hasse ne töfte, is dattn Gewinn.
Perza – nennt man einen Kiffer oder den Raucher,
dat is der qualmde un Tabak-Vabraucha.
pfeffern – das ist eine Ohrfeige bekommen,
dann gucksse ausse Wäsche un fühlz dich benomm.
picheln – ist sich einmal zu betrinken,
meist gehdet so weit, biss zum abwinkn
Pichelpott – ist die Kneipe oder Gaststätte,
da warsse schonn drin, hömma ich wette.
Picheltour – auch bekannt unter Sauf oder Zechtour,
hömma ich komm dich, schonn noch aufe Spur.
pickepacke – sehr extrem und auch sehr voll
un beim schleppm, is dat gaanich toll.
pickobello – heißt aufgeräumt oder sehr sauber,
bei Hempels untam Sofe, wäar dattn Zauba.
Piene – ist ein Wort für große Schmerzen,
hasse ma Piene, is dich nich so zum schäarzen.
Piepenkerl – das ist ein Gebäck zum Martinstag,
au Kiepenkerl genannt, den man geane mag.
Piepen – eine Mehrzahl für Geld oder Beine,
hasse nix, bisse oft ma alleine.
piesackn – ist jemanden ärgern oder schikanieren,
ker dat kann jeda, musse abba nich east probiean.
Piesel – nennt man einen Pedant,
der is peinlich un kleinlich un wiad gut erkannt.
pieselich – ist minderwärtig oder wählerisch,
passt ein wat nich, kommt et vom Tisch.
pieseln – wenn es leicht regnet oder man muss,
kommt et Tröppckenweise un nich im Guss.
Pikko – das ist ein Wort für kleiner Junge,
rufse den Pikko, zeichta de Zunge.

pillan – ist schauen, linsen oder urinieren,
ker dat is wat, zum reagiean.
Pille – ist der Fuß- und Lederball,
damit pöhlze als Blage, imma un übbaall.
Pillefüße – sind kleine oder auch Kinderfüße,
au wennse stinkn, sin et no süße.
pillepalle – das ist mühelos / das ist ja einfach,
et gibbt abba Leutz, dafüa sin se zu schwach.
Pilsken – ist das Pils oder ein kleines Bier,
dat süppeln wa im Pott, geane ma hia.
Pimpanellen – an den Nerven bekommen, keine Geduld,
ich sach dazu nua, de Olle is Schuld.
pimpern – so nennt man Beischlaf machen,
dat is der Sex, so ganz ohne Sachn.
pingellich – wenn irgendeiner sehr kleinlich ist,
dann issa wacka, au meist angepisst.
Pinne – sind Schmerzen, Stöckelschuhe und hohe Hacken,
un mit hohe Pinne, da kannze vakachn.
Pinnken - ist ein Pinnchen, ein kleines Glas für Schnaps,
süpplze dat alz Blaach, dann gibbet n´ Klaps.
Pinnorek – das ist ein Werkzeug, ein spitzer Gegenstand,
un diesa kommt, imma abhand.
Pinte – ist die Gaststätte oder auch Kneipe,
kommze betüddlt da raus, denksse du biss inne Loipe.
pippi – das ist doch einfach, das kann ein jeder,
gezt zieh ich ma hia, ganz schwea vonnem Leda.
Pisselintn/Pisselottn – ist im Ruhrpott das kleine Geld,
wat man nich gean, inne Patte behält.
Pissflinte – so nennt man den Angsthasen,
der kann sich vapissn un irngswo graasn.
Pissflitsche/Pissnelke – ist ein Schimpfwort für die Frau,
dat sachsse meist nua aus Spässke, dat weissich genau.

Pisspottschnitt – ein Haarschnitt wie Prinz Eisenherz,
den gaabet ma, ker, dat is kein Scherz.

Pitschendopp – ist der routierende Kreisel, ein Kinderspiel,
dat spieltn de Blaagen, ganz früha sehr viel.

pittschnass – dann ist man- oder etwas durchnässt,
wenn man dat dann draussn, beiem pläästan lässt.

Pittamesser/Pittamann – kleines Kartoffel / Schälmesser,
damit klappt dat schäälen, imma viel bessa.

pläästan – das ist schlagen, oder feste am schütten,
isset am pläästan, brauchsse kein Schlittn.

Plääte – sind auf dem Kopf keine Haare, die Glatze,
ker un dazu, hasse de richtige Fratze.

plachandern – das ist einmal spazieren gehen,
hömma dat kannze, do sicha vastehn.

Plack – ist der Ausschlag, Pickel und Schuppenflechte,
ker dat is bei uns, imma dat schlechte.

Plackerei – ist die mühsame Arbeit,
abba dazu, is man imma bereit.

plackn – sich stets abmühen und schuften,
da willze fliehn un schnell vaduftn.

pläddan – dann ist es heftig am regnen,
dann möchtesse kein, ohne Schirm begeechnen.

plärren – das ist lautes weinen oder heulen,
dat machn de Blagn, hammse ma Beuln.

Plätteisen – nennt man das Bügeleisen,
hömma dat kannich, dich sicha beweisn.

Plattmoos – so nennt man das Schwarzgeld,
dat is dat, wat man beie Schwattaabeit erhält.

Plätzken – das ist das Plätzchen oder der Keks,
den futtat man, meist untawegs.

Pläuschken – ungebundenes Gespräch, ganz im vertrau'n,
meist mitte Nachbaan, übban Gaatnzaun.

plauschn – ist das plaudern und quatschen,
dann is man meistns, au am traatschn.
plattmachen – das ist verletzen oder jemand besiegen,
dafüa musse mich, eastma inne Fingas kriegn.
Plauze – ist ein dicker, meist der Bierbauch,
nich nua vom süppeln, vom futtern kommta auch.
Plempe – das ist der Matsch oder auch Schlamm,
sin de Blagens deckich, stehnse beie Mudda stramm.
Plesier – das ist der Spaß oder das Vergnügen,
dat macht mich voll Bock, will euch nich anlügn.
Plinkn/plinsn – das ist blinzeln oder das zwinkern,
wirsse vom Macka erwischt, kanna schomma stinkan.
Plörre – ist dünner geschmackloser Kaffee oder Suppe,
wer dat geane mach, dem isset so schnuppe.
Plörren – sind Kram, Sachen und Kleidung,
davon hasse nich viel, nach eina Scheidung.
Plumsche/Plunsche – das ist das Wort für die Badewanne,
da liech ich geane drin, wennich ma entspanne.
plümschen – so nennt man hier einfach das baden,
machsse dat oft, tut et dich nich schadn.
Plünn – die Mehrzahl für Kleidung und Sachen,
damit kannze tun un au allet machn.
Pocke – ist der Ball oder der dicke Bauch
un sonne Pocke, habbich im Gebrauch.
Pöhlen – ist Fußballspielen auf der Straße / im Hinterhof,
dat fanden wa alz Blagen, niemalz zu doof.
Pöhler – sind Schuhe mit Stollen, zum Fußball spielen,
damit kannze de bestn, Tore eazieln.
Pöfferkes – die Mehrzahl für Krapfen oder Hefegebäck,
wo ich mich gean, de Fingas nach leck.
Pohl/Pöhl – das ist der Pfahl oder Pfosten,
issa aus Metall, issa am rostn.

Polente – nennt man die Polizei,
wennze se rufs, komm se wacka voabei.
Pölla – ist der Poller oder ein Pfahl,
is wie beiem Pohl, is au egaal.
Pollak/Pollacken – abwertend für Aussiedler aus Polen,
man sacht ja se hamm, schonn imma gestohln.
Polnischplatt – scherzhaft für Ruhrpott-Deutsch/Dialekt,
wat dem Ruhrpottla, gaanich so schmeckt.
Polta/Pölta – ist das Schlafzeug, oder Nachthemd,
füa ein aussm Pott, is der Ausdruck nich fremd.
Pommesbude – das ist der Imbiss oder die Frittenbude,
dat is hia Kult, wie de Tante Trude.
Pömms – sind besonders hochhackige Schuhe für Frauen,
dat sich de Weibsen, zu laufm drauf traun.
Pömpel – ist der Gummisauger oder Saugglocke
un füan Bottich, da issa astschocke.
Poofe – nennt man im Ruhrpott das Bett,
da pennze drinn ein, is dat nich nett.
poofn – ist einfach nur das schlafen,
lässt man dich nicht penn, is dat bestraafm.
Pööta – das ist der Hintern, eine attraktive Fott,
is do egaal, der sitzt au auffm Pott.
Pöppes – meist vom Kind der Popo,
so isset im Pott, dat sacht man hia so.
Porreepiepen – sind lange dünne Beine,
un Kackstelzen, dat sacht man zu kleine.
Pooscher – nennt man hier auch sein Geld,
abba Kohle un Asche, mich bessa gefällt.
Poschondek – ist die Ordnung und Sauberkeit,
dann liecht nix hearum, so isset gescheit.
Pott – ist das Ruhrgebiet oder ein Topf,
dat krisse getz wohl, in deinen Kopf.

Potte (zu) – heißt: auf den Punkt kommen und etwas tun,
hömma dann kannze, dich nich ma ausruhn.

pötteln – ist langsames tuckern und umherfahren,
dat muss au ma sein, dat marrich seit Jaahrn.

Pranke – so nennt man die Hand,
is au unta Flosse un Poote bekannt.

Prengel – der Penis, die Fleischwurst, großer Gegenstand,
allet hattesse bestimmt, allet inne Hand.

prockeln – ist das rumstochern oder das bohrn,
meißt mit Q-Tip un dann inne Ooan.

Proll – ist eine ungehobelte und ordinäre Person,
der hat kein Stil un valiert de Fasson.

prolln – ist prahlen, lärmen un gröhlen,
dat machn de Blaagn, imma beim pöhln.

Prömmel – ein Knäuel oder ein rundliches Kind,
dat sachsse im Pott, ma so geschwind.

Prootscheln/pruutscheln – ist brutzeln oder braten,
dat tuhsse beim grilln, auma im Gaatn.

Pröttel/Pröddel – ist altes Zeug, Kleidung und Kram,
hömma dat träächt, Ömmken übbam Arm.

prötteln/pröddeln – ist kochen, kramen und wühlen,
Hauptsache du machs et, nich beiem spülen.

pröttich – ist das ungehalten sein oder verstimmt
un dat is dat, wenn eina ma spinnt.

Prütt – ist Unsinn erzählen und der Kaffeesatz,
wer Prütt am eazähln is, kricht ein voam Latz.

pruutschen – ist irgendwas nicht korrekt erledigen,
da kannze dem, do no so preedign.

Puckel – so nennt man den Rücken,
hömma der kann, au ne Trulla entzückn.

puckeln – ist als Rücken schrubben, waschen bekannt,
wird beim Kumpl auffm Pütt, jeedn Tach angewandt.

Puff – das ist das Bordell oder salopp für ein Ort,
da gehsse nich hin un bleipz lieba fort.
Pullafass – ist salopp für die Badewanne,
sprigsse da rein, dann bisse ächt Panne.
pullan – ist sich betrinken oder urinieren,
ker weisse wat, so tuhsse Pipi produziean.
Pullebauch – nennt man den dicken Bauch
un weisse wat, den habbich auch.
Pulle – nennt man die Flasche Bier hier im Pott,
gibb mich de Pulle, abba ma flott.
Pülleken – das Fläschchen, verniedlicht für Flasche,
se hat der Kumpl, imma in seina Tasche.
pullerich – ist gemütlich oder schön warm,
komm bei mich bei, ich nehm dich im Aam.
Püngel – ist das Arbeitszeug des Bergmanns,
dat is im Püngelsack, von Oppa Hans.
Püngelsack – darin ist vom Kumpel Arbeitswäsche,
un issa ma nich da, kricht der Kaunwäata Dresche.
Pupe – wird vulgär das Gesäß und Hintern genannt,
wer anne Pupe schmatzt, da binnich gespannt.
pupes – ist mir egal, einfach oder leicht,
ich glaup hia, de Beschreibung, se reicht.
Puschn – sind die Hausschuhe oder Pantoffeln,
damit gehsse im Kella un hoolz de Kartoffeln.
puseln/pusseln – ist werkeln, etwas zusammen basteln,
abba dabei nich übbahasteln.
Puselwuast – ist die warme Fleischwurst,
ißte se mit Senf, dann krisse au Duast.
Pusemuckel – ist irgendwo, ein entfernter Ort,
fäahrsse da hin, dann bisse weit fort.
püsterich/püüstich – sagt man zu satt und atemlos,
mit aatmloos dat Lied, damit wuade Helene groß.

Pütt – das ist das Berkwerk, die Zeche,
im Ruhrpott weiss man, wovon ich hia spreche.
Püttrologe – ist scherzhaft für den Bergmann,
dat is der Kumpl, der ächt allet kann.
Putz (hauen) – ist angeben und übertreiben,
hausse aufm Putz, kann et so bleibm.
puulen – ist stochern, fummeln oder bohren,
klappt et dann nich, dann biss am rumohan.

Döneken zum -P-

Meine Tochta, wat de Schennifa is, wolte ihre **Pömms** mitte
hohn **Pinne** anziehn. Un weil de **Paddi** irngswo inne **Pampa** is,
wo se gehen wollte, sachte ich zu der, dat dat nich gut is, weilse
ja nich weiß wat füa **Paselaken** da rumrenn tun. Da gaab se
mich Recht un sachte ich wäarn *patenta* Vartreeta un et wa ihr
nich bewusst, opse da duachn dunklet **Pättken peesn** muss, der
mit Koppsteinpflasta gepflasstat is. Nachm lang **Palaawa** mit
meina Tochta, wa bei unz allet widda *paletti* zwischn unz. Se
wa zwaa zimmlich *pampich* gewoadn un wollte east *pattuu*
nich auf mich höaan, da musste ich se ma ne Ansage machn un
dann hat se et abba *gepeilt*. Danach isse dann mit noamale
Paluschn auf **Paddi** gegang. Ich mich dann au inne **Puschn**
gestüazt un mich genüsslich ne Zichte *geperzt*. Weisse, ich bin
ein **Perza** aus Leidnschafft musse wissn. Ein **Pinnken** mit
Schnäppzken habbich mich noch gegönnt un bin dann au wech.
Ich de **Puschn** ausgezoogn, de **Patte** eingesackt un mich füare
Pinte feddich gemacht, denn ich wollt ma auf **Plesier**. Da sah
ich, dat ich gaanich so viel **Pisselottn** bei hatte un bin zur Bank
gefaahrn.

Untaweechs zua Bank, hält mich doch waahlich de **Polente** an un der Bulle fruuch mich, op ich wat intus hap. „Jau", sachte ich zu dem **Pannaskopp**, „Ich habbm Schäppszken gesüpplt." da sachta doch, dat ich ma blaasn solle, ich schonn anne **Pimpanelln** bekomm un dachte, der soll ma nich so **pingelich** sein, wa doch nua ein Schnäppsken. Also musste ich blaasn, abba ich hatte null Promille. Der Bulle wa voll **Panne** im Kopp un wollte getz au noch meine **Pappe**. De **Pappnase** vonn Bulle wa ein **Peias** hömma, der is um meine Karre gerannt wie son Irra un imma am **pillan**, um irnxwatt zu findn, um mich ein anflickn zu könn. Der wa dat nich am **peiln**, dat allet **pikkobelli** is. Am liepstn wüad ich dem eine **pfeffern**, dachte ich, zum Glück fing et am **pläddan** an un der Bulle wünschte mich ne gute Faaht. Ker, wa dat aufeima am **pläästan** un ich musste ja ausse Karre raus, um anne Bank nochn paar **Penunnsen** zu holn. Also ich raus ausse Karre un laatsch voll inne **Pampelacke**. Ker, ich krich de **Plack**, dacht ich. De ganze **Patsche** anne Schuhe un imma no keine **Pisselottn** geholt. Hömma, dat **pläddan** höate nich auf un ich wa **pittschnass**, weisse.

Auffm Wech zum Auto kam mich son **Pawlak** mit sein **Pikko** am **Patschhändchen** entgeegn un dat Blaach wa am **plärren** sarrich dich. Hömma, dat wa der **Pannemann Pedda**, der hat ma mitte **Pannschüppe** ein von seina **Pissflitsche** voare **Plääte** gekricht, weila bei seina **Pissnelke** de Maloche nich richtich gemacht hat un imma nua am **pruutschn** wa. Da sach ich zum **Pedda**: „Un, widda inne **Pommesbude**, um dich den **Panhas** holn?" - „Nee", sachta, „etwat genüsslichet ausse **Pann**, füa meine **Plauze**, weisse." - „OK" sacht ich zu ihm un nochn töftn Tach gewünscht un wollte au langsam auf **Picheltour** inne **Pinte**, um mich ein zu **pichln**. Meine Tochta wa ja auf **Paddi**

109

un meine Olle mit ihra Mudda irnxwo in **Pusemuckel** am schoppm. Alz ich zu meina Karre kam, sah ich, dat ich den **Pölla** mitgenomm hap un ich getz ne Delle anne Karre hatte. Scheisse, dacht ich, da habbich den **Pohl** wohl übbasehn, dat kost mich widda n´ paar **Piepen**. Un schonn widda fing et an **pieseln** an un ich sachte mich: Komma langsam zu **Potte** un nich **pötteln**, ap „zum **Piepenkerl**", so heißt der **Pichelpott**, wo ich imma hingehn tu, weila zu Sankt Maatin imma de Kiepmkerle vateilt.

Inne **Pinte** angekomm, saaßn da schonn de **Püttrologen** vom **Pütt** un der **Pastek** beim Gläsken Fusel. Et wa **pickepacke** voll un wie imma, taatn se ein **Piesel piesakn**, abba dem wa dat wohl **pupes**, weisse. Hömma, ich mich eastma ein **Pilsken** besellt, bevor ich mich ein paar **Pellemänna** mit Matjes gönnte. De ganzn Kumplz vom **Pütt plauschtn** widda vonne Malooche un vonne **Plackerei** un wat se am **plackn** wäan un dat se am liepztn ihrn olln Faahrsteiga **plattmachen** wüadn. Ich lauschte dem **Pläuschken** un schoop mich nochn **Plätzken** inne Muhle, bevoa ich mitmischte, weisse. Ich eazählte, dat meine Olsche **plachandan** wäar un ich heute auf **Picheltour** bin, um mein **Plattmoos** zu verplättn. Da kam de **Pollaken** inne **Pinte** un se bestelln auf **Polnischplatt** wat zu süppln. Der eine **Pollak** wa etwat **pieselich** mitte Bestellunk, der wollte ein guutn Wodka un keine **Plörre**. Nache Zeit waan se ganz schön breit un am **prolln** un sachtn, dat se nua töfte **Plörren** aufm Leip traagn. Da sachte ich: „Se solln ma nich so auffm **Putz** haun un meine **Plünn** sin aunich vonne Stange", vastehsse!? Da wuade eina von denen **pröttich** un wolle mich eine **pläästan**, abba den habbich beruhicht un im gesacht, dat ich ihm ne **Pulle** ausgibb. Alz dat **Pülleken** leer wa, waan wa Kumpelz un et wa widda Ruhe im **Puff**.

110

Da habbich mich widda den **Püttrologen** zugewandt un die waan grade übba dat **Puckeln** am **palaawan**. Da is wohl eina, der de **Puckel** nich richtich **puckelt**, wo dat doch so **pillepalle** wäar. Eina vonne Kumplz hatte mächtich große **Pranken** un sachte dat seine **Püngel** imma vaschwunn sin, obwohla se im **Pünglsack** imma inne Wäsche schmeißn tut un datta den Wäschemeista ma auffe **Pooten** kloppm muss, weila imma nach de **Püngel pröddln** müsse. Ich sach zu dem: "Ker, villeicht hasse ja nochn **Pinnorek** inne Tasche gehappt, datse dich den Sack anne Seite gepackt hamm?"

„Jau ey", sachta da, „dat kann sein." Ich **plinste** ihm zu, er **plinkte** zurück un wir fing am geian an. Der Wiiat wa im **Pott** un inne **Pann** wat am **prootscheln** un et gaap **Puselwuast**, seine Olle hatte **Pöffakes** gemacht, die zum futtan bereitgestellt wuadn. Ich bestellte mich ein **Prengel** un **prookelte** ne Zeit dranne rum. Ich dachte, ihr könnt mich anne **Pupe** schmatzn, ich gehma eehmt **pullan**, mein **Pullabauch** is so voll un de Blase drückt. Nachm **pieseln** kam ich widda un sah wie da ein **Prömmel** von Blaach mittn **Pitschndopp** am spieln is un dachte; daddet son **Pröddel** noch gibbt. Dem Wiiat sachte ich, datta ma mittn **Pömpel** im Bottich de Vastopfunk wechmachn soll, da dat nich graat nach **Poschondek** schreit. Nache Zeit binnich dann au gegang, weil ich **Piene** hatte un hap den ganze **Pooscher** hingeblättat, den ich lackn musste.

Als ich na Hause kam, waan de **Pinne** unta de **Pläte** nonnich wech un de ganzn Blaagn vonne Straße waan mitte **Pille** auffm Raasn am **pöhlen**, dat ich nommeha Kopp**pinne** bekam. De **Pissflinte** von Nachbaasbengel wa au mit dabei un hatte **Pöhler** anne **Pillefüße** angehappt, der konnte de **Pocke** damit abba au nich bessa schießn. Ker hömma, da is ihm **Plempe** übba de **Pöhler** gelaufm un fing am **plärren** an. Ich sach zu dem, dat dat do *pipi* wäar, se sauba zu machn. De ganzn Blaagn waan ganz schön *püsterich* nachm *pöhlen* un hattn de ganzn *Porreepiepen* vasaut un musstn alle inz *Pullafass* zum *plümschen*. Da schrie der *Proll* von drüühm sein Bengel an, dat et Zeit is, sonnz gibbet wat auffm *Pöppes*. Hömma, da kam der au noch rübba un eazählte mich irngsein *Prütt*, dat seine *Perle* nich mit ihm *pimpan* will, weila son mächtign *Prengel* hätte, abba dat wa mich sowatt von *pupes*, weisse. Ich drehte mich wech un wünschte nochn guutn Aahmt. Bevoa ich mit mein *Pööta* inne *Plunsche* gegang bin, habbich noch mittn *Plätteisen* mein *Polta* geplättet un et mich danach *pullerich* gemacht. Ich hap dat *Pittamesser* rausgeholt un wa nochn bissken inne Äppels am *puuln*. Da ich voare *Poofe* nowatt *puseln* musste, kam ich east spät zum *poofn*.

Hömma, wennze ma dein *Plattmoos* vasaufm willz, dann geh nich inne *Pinte* wo *Paselacken*, *Pütrologen* un *Pollaken* rumrenn, sonnz wiasse voll mittn *Plätteisen* gebüglt, vastehsse!? Gute Nacht un *pennt* gut

-Q-

Quanten – so nennt man die Füße,
vonne Maukn schööne Grüße.
quatern – das ist locker miteinander sprechen,
so kann de Freundschaft, au niemalz brechn.
quasseln – ist plappern, sabbeln oder schwatzen,
so kann manchet Geheimnis, do schomma platzn.
Quasselstrippe – ist einer der nichts für sich behalten kann,
der bringt allet, eehmt annen Mann.

quatschen – ist schwatzen, plaudern, sich unterhalten, hömma, da machn nich nua de altn.

Quatschkopp – ist ein Dummschwätzer und Plaudertasche, der laabat dumm, dat is ne Masche.

quengeln – ist wenn die Kinder betteln.
Op sich de Blagn, da nich verzetteln?

Quetsche/Quetschkommode – das ist ein Akkordeon, dann höaasse nich, dat Tellefon.

Döneken mit -Q-

Hömma, wir hattn ma ne Paddi bei unz im Gaatn un der Häbbät hatte seine *Quetschkommode* mitgebracht un hat darauf georgelt. De Stimmunk unta unz wa töfte hömma, bis de Blaagn anfingn zu *quengeln*. Se wolltn doch pattuu, dat ich mit se pöhln sollte, abba ich hatte ja mein *Quanten* auffe Maloche valetzt un konnte so nich mitpöhln. Wir *quatschten* un *quaterten* den ganzn Tach un der Häbbät hat zwischnduach imma ma widda Stimmunk mitte *Quetsche* gemacht. Nua unsa olla *Quatschkopp* Willi, hat widda ma den Voogl apgeschossn, denn der wa nua dummet Zeuchs am *quasseln* un dann imma seine laute Stimme dabei, weisse.
Abba wir hamm de olle *Quasselstrippe* kaum beachtet un ihm *quatschen* lassn. Hömma, de Paddi wa ein tolla Eafolch un wir ham legga gegrillt un einige Pulln Fusl geleehrt, wennze vastehs!?

Hömma, wenne *Quasselstrippe* am *quatschen* is, dann leechse bessa de *Quanten* hoch un holz de *Quetchkommode* raus, dann höaasse dat dumme *quatschen* vonnem *Quatschkopp* nich.

-R-

Rabbatz – da macht man Lärm oder Krach,
wennet höaas, dann bisse Wach.

rabotti – ist schnell, arbeiten, machen, verdienter Lohn,
hömma, getz hasse ne Opzion.

Rachulla – das ist ein Raffzahn oder Gierschlund,
der rafft allet zusamm un stoppt et innem Mund.

Racker – das ist ein kleines und wildes Kind
un sonnen Racker, is wie der Wind.

Raditzel/Ratzefummel – ist das Radiergummi,
dat is meist Flach un andas wie n´ Flummi.

raffn/ralln – ist erkennen und verstehen,
wenn et nich raffs, dann kannze gehn.

Ralle – ist die Kurzform von Ralf,
wennich et sachte, et imma half.

Rambass – ist ein lebhaftes Kind,
wie de Blaagn, halt so sind.

rammdösich – das ist verrückt oder verwirrt,
hömma dat wirrse, wenn wat blödet passieat.

rammeln – ist ein Wort für schnellen Sex,
kommt schomma voa, au mitte Ex.

ranklotzen – nennt man sich anstrengen oder beeilen.
Wennze schnell biss! Kannz et peiln?

Ranz – nennt man Unsinn oder Dreck,
wenn eina Ranz macht, hatz kein Zweck.

Ranzen – das ist der Tornister,
dat Dingen hasse nich mehr, machsse dein Magista.

Rappel – den bekommt man, wenn man wütend ist
un sich beie Maloche, manch eina verpisst.

Rappelfott/Rappelfutt – ist eine nervöse Person,
der fikkerich wiad, bei jeda Aktzion.

rappelich – dann ist man sehr nervös,
dat is dann nich, mehr sehr seriös.
Räppelken – ist eine Rassel für das Kind,
genau dat is dat, wat füare Bäbys sind.
rappelt – dann gibt es Ärger oder die Geduld verlieren,
dann rappelts im Karton, kannz ja ma probiean.
Rappsack – so nennt man den Geizhals,
ich bin so eina, keinetfalls.
rappzapp/rappzerrapp – das heißt ruckzuck,
dat is ganz schnell un stehs unta Druck.
Raptus – ist der Wutanfall,
dann gibbet Zoff, schön laut, mit Knall.
rattendoll – ist gierig, nervös oder hektisch,
is eina so, issa nich ganz frisch.
rattich – dann ist man geil und sehr erregt,
so wiad im Pott, der Sex gepfleecht.
ratzen – nennt man das schlafen
un so kann Gott, dich nich straafm.
raustun – ist das herausgeben, ausgeben und zahlen,
machsse dat, tut der andre strahlen.
Reibach – ist der Ertrag oder der Gewinn,
so macht verscheuan, east einen Sinn.
Reibeplätzkes – sind Kartoffelpfannkuchen,
die von Omma, musse ma versuchn.
reinhaun – ist salopp für tüchtig und viel essen,
dann hau ma rein un et nich vagessn.
reinkuckn – nennt man das vorbeischauen,
dat sarrich dich, ma im vertraun.
reintun – jemand etwas unterstellen / ein Tor schießen,
beidet tut man, gean genießen.
reinziehn – ist etwas konsumieren oder verstehen,
dat kannze so, oda so ma sehn.

Reitachen – ist die Mehrzahl für die Schnittchen,
hömma de Bestn ‚macht de Olle Schmittchen.

Rengel – ist ein großes Stück Wurst,
hasse den wech, dann krisse den Duast.

retterieren – ist flüchten oder weglaufen,
dat passiert, oft nachm raufen.

retuua – das heißt: retour oder zurück,
da hasset widda, dat olle Stück.

Revier – eine Abteilung unter Tage / das Ruhrgebiet,
dat isso, wie man et sieht.

Rewangsche – das ist die Revanche,
z.B. beim Fechtn, auffe Planche.

Ringelpitz – ist ein anspruchloses Tanzvergnügen,
da kannze deine alte, auma betrüügn.

rinn – das heißt einfach nur: rein
dat issn kuazet Woaat un dat is fein.

Ritznschieba – ist ein ungelernter und Hilfsarbeiter,
der steht untn un hält de Leita.

Ritzepimmel – ist eine kleinliche Person und ein Pedant,
der is inne Kolonie, alz A....loch gut bekannt.

Rochus – ist die Wut und Zorn oder wütend sein,
da krisse anne Pimpanelln un fängs am schrein.

rödeln – ist schwer und viel arbeiten, machen und tun,
dat tuhse ma beizeiten, ohne auszeruhn.

Röggelchen – ist das Roggenbrötchen vom Bäcker,
dat ist töfte, dat is lecka.

Röllekes – das sind die Lockenwickler der Frau,
die hattse am Kopp, dat weiß ich genau.

röllschn – ist das unruhige sitzen oder liegen,
dabbei kannze, schomma runnaflieegn.

Rotz – ist der Ausfluss aus der Nase,
der bildet manchma, sogaa ne Blase.

Rotzblaach – ist abwertend für ein freches Kind,
dat sachse zu die, wennse rotzich sind.

rotzich – ist frech oder respektlos sein,
is meist dat Blach un kennt kein „Nein."

Rotzkocher – nennt man im Pott die Pfeife,
sowatt qualmsse, hasse ne bestimmte Reife.

rubbeldekatz – das bedeutet: Das ging schnell,
zum Beispiel dat antretn, beim Appell.

Rübe – ist ein Wort für den Kopf,
ker da packse, dich do am Schopf.

ruckeln – an etwas heftig rappeln oder ziehen,
un dabei, wird nich geschrien.

Rüffel – ist ein Anschiss oder Ermahnung bekommen,
hömma danch bisse, abba voll beklomm.

Ruhri/Ruhrie – ist ein Bewohner im Ruhrgebiet,
der sich beie Maloche, imma voll reinkniet.

Ruhrperle – nennt man hier das Leitungswasser,
so isset im Pott, abba et geht no krassa.

Ruhrpott – das ist unser Ruhrgebiet,
wat der Ruhrpottla, alz schöön ansieht.

rumbaduusn – ist das tollen, lärmen oder schimpfen,
dat könn de Blaagn, die musse nich impfm.

rumeian – nicht zur Sache kommen, um den Brei reden,
ker un so, entstehn de Fehdn.

rumkröösn – ist das kramen, werkeln, etwas tun,
imma ganz fickerich, ohne ma auszeruhn.

rumjachteln/rumjückln – ist das ziellose umherlaufen,
ohne anzehaltn un wat zu kaufm.

rumpeesn – ist das fahren, preschen oder rennen,
hömma, da wirsse do wohl kenn.

rumpruutschn – das ist laienhaft etwas machen,
wenn eina rumpruutscht, isset nich zum lachn.

Runkel – ist der Kopf oder die Nase,
un die Runkel schnüfflt, auma de giftgen Gase.
runna – das heißt: runter oder hinunter,
dat macht dich frisch, dat macht dich munta.
ruppen – ein Wort für arbeiten oder malochen,
un dat geht voll, ma auffe Knochn.
Ruppsack – das ist ein Grobian,
den möchte man, am liepztn übbafaahn.
Rutschenbär – ist der Vorarbeiter im Bergbau,
der steht untam Steiger, is abba genauso schlau.
Rüühmkraut – ist eingedicktes Gelee, der Rübenkraut,
dat is legga un nonnich aut.

Döneken mit -R-

Als ich ma inne Stadt wa, wa da son *Racker*, der hat im Laadn *Rabbatz* gemacht, weil dem seine Mudda ihm kein neun *Raditzel* holn wollte. Der wa dat nich am *ralln*, dat in sein *Ranzen* nochn *Ratzefummel* is. Bissa dat ge*rafft* hat, hat der *Rambass* seine Mudda *rammdösich* gemacht un se hat voll ein am *Rappel* gekricht.

De Mudda wa ne richtige *Rappelfott* un au ganz *rappelich*, denn bei dem *Raptus* den se hatte, hat dat *Rotzblaach* dat *Räppelken* von sein Brüdaken umhea geschmissn un wa somit wech gekomm. Da sachte de Mudda: „Hömma, wennze dat *Räppelken* nich *rappzapp* bei tuhs, *rappelt* et im Kaaton un et gibbet wat auffe *Rübe*."

Da wurd der Bengel *rotzich* un wollte dat Dingen nich *raustun*, denn er hatte et schonn widda inne Buxe gesteckt. Der *Racker* wa am *rumeian* un am *rumjückeln* un dat kleine Blaach im Kindawaagn, wa derzeit widda eingepennt un am *ratzen.* De Mudda bekam de **Rochus** un sachte: „**Ralle**, höaa ma am **rumpeesn** un **rumbaduusn** auf, wisch dich ma den **Rotz** vonne **Runkel** un komm vonne Rolltreppe **runna**, dann krisse au ein **Röggelchen** vom Bäcka un höaa entlich mittn **retterieren** auf." **Rubbeldekatz** wa der Bengel widda da un se valießn den Laadn.

Ich musste **rabotti** noch **Rüühmkraut**, ein **Rengel** Wuast un Butta füa de **Reitachen** un für de Else noch **Röllekes,** füare ihre Haare holn. Ker, wa ich am **ranklotzen** bis ich den ganzn **Ranz** gefundn hap, abba dat is ja au nich mein **Revier,** weisse. Hauptsache ich happ de richtgen **Röllekes** un krich kein **Rüffel** von meina alten, denn ich hap kein Bock den ganzn Schisselameng **retuua** zu bring, denn dat Einkaufm is füa mich kein **Ringelpitz** mit anpackn, vastehsse!?
Hömma, da binnich aufm Weech un komm beim Frannek, den olln **Rachulla** voabei, der Frannek hat nen **Ruhrpott**-Imbisswaagn un vascheujat **Reibeplätzkes** un allet wat der **Ruhrie** so am futtan tut, wennze vastehs. Der Frannek, dat issn **Rappsack** sarrich dich, der denkt imma nua an **Reibach** machn. Un der beschäfticht neehmbei nen **Ritznschieba**, der allet füa den machn tut. Ich dachte so, **Reibeplätzkes** hasse schonn lange nich mehr vaputzt, also wollt ich ma **reinkuckn** un bin **rinn** um mich n´ paar vonne Plätzkes **reinziehn**. Mein Gott, wa ich de Dinga am **reinhaun**, se schmecktn ächt töfte, wie bei Muddan, weisse. Als ich feddich wa, habbich mich n´ Pilsken un bin vaduftet.

Hömma, da stand ich voare Haustür un qualmte genüsslich an mein **Rotzkocher**, da sprach mich mein alta **Rutschenbär**, der Hennes vom Pütt an un frachte oppich imma noch am **ruppen** oda au nua noch am **rumkröösn** wäar. Ich sachte ihm, weil ich

119

dem ma ein *reintun* wollte, dat ich imma noch voll am *rödeln* bin un mich dat *röllschn* zu Hause, so gaanich vatrach, weil ja meine Gesundheit noch voll auffm Damm is. Dat wa füa mich wie ne gelungne *Rewangsche* zu ihm weisse, weil der *Ritzepimmel* füa mich imma, faule Sau un Lauscheppa gesacht hatte. Hömma, da waara mitte Ooan am schlackan un fing am Zaun zu *ruckeln* an, wuade ganz *rappelich* un sein Heazken schluch so schnell un wa *rattendoll* nachn Schlücksken *Ruhrperle*, weila seine Tablettn füart Heaz nehm musste. Dat konnta wohl nich vaknuusn, dat ich no auf Malooche am *rumpruutschn* un *rruppen* bin un er nix mehr machn tut. Ich gaab dem *Ruppsack* de *Ruhrperle* un sachte ganz heemisch: „Hömma Hennes, bisse einxlich no *rattich* un besoachs et deina Olle, oda isset mittn *rammeln* au voabei?" Da drehte sich der Hennes *rappzapp* um, wa ganz *rappelich* un sachte: „Tüssken Kumpl un Glück auf, marret gut" un ging seina Weege.

Tja, wenn dein alta *Rutschenbär* ma *rattich* nach Tablettn is un nich mehr *ruppen* un *rödeln* kann, dann is bestimmt au Schicht im Schacht mit *rammel*, vastehsse!?

-S-

Sabbel – das ist der Mund,
hälze den Sabbel nich, dann gehdet rund..
Sabbelfott – ist eine Quasselstrippe oder Labertasche,
wenna länga sabblt, gibbet ne Lasche.
sabblen – ist das schwätzen und viel quatschen,
dat is dat selbe, wie blööde traatschn.

120

Sabbelwasser – das ist wenn einer viel spricht
un sein Sabbel voa sabbeln, nich geschlossn kricht.

Sack (im Sack hauen) – ist kündigen oder verschwinden,
wenne dich nich Wohl fühls, isso dat befindn.

sammulieren – ist das überlegen oder nachdenken,
manchma kannz dich dat sammuliarn, au schenkn.

Sau (hier sieht´s aus wie Sau!) – ist schmutzig / dreckig,
dann is et unaufgeräumt un ganz schön speckich.

saun – dann ist es stark am regnen / sich dreckig machen,
hömma beidet, is dann nich zum lachn

Schabau – ist billiger Schnaps oder der Fusel,
hömma den süppltman, do nua im Duusl.

Schabbeln/Schäbbeln – das Münzen werfen an die Wand,
hasse alz Blach oft gemacht un gut gekannt.

schäbbich – ist hinterhältig, hässlich oder mies,
so is oft dat Wetta, oda der Nachbar. Ebent ganz fies.

Schabracke – ist abwertend für eine unattraktive Frau,
dat is ne Trulla un sich nich pfleecht, de olle Sau.

Schacht – ist aus dem Bergbau, wo der Kumpel einfährt
un de Schächte weadn im Ruhrpott, heute sehr vaeahrt.

schafuttern – ist das keifen schimpfen und fluchen,
hömma, dat musse auma vasuuchn.

schallan – ist schlagen, ohrfeigen oder singen,
ker, da kannze im Dreieck von springn.

Schaluppi – nennt man ein Schlitzohr,
der issn Betrüga, kommt schomma vor.

Schanks/Schonks – damit ist die Chance gemeint,
haase se nich genutzt, hasse se nachgeweint.

Schapp – ist der Küchen oder Vorratsschrank,
is da nix drinne, dann bisse blank.

schättan – ist das meckern und schimpfen,
hömma, so kannze de Blaagn impfm.

schattich – wenn es kalt oder ungemütlich ist,
isset dich schattich, isset großa Mist.

Schautamann – ist ein Selbstdarsteller oder Angeber
un so eina, geht mich auffe Leba.

schawenzeln – sich einschmeicheln oder umgarnen,
machn Weiba un der Jacknzieha, davoa mussich waahnen.

scheckn – heißt prüfen oder verstehen,
dat mussich eima, scheckn gehn.

scheel – ist das schielen, schief oder mistrauisch schauen,
dann möchsse den gean, auffe Fesse haun.

Schelle – ist die Klingel oder eine Backpfeife,
dat klinglt ganz schöön, wenn ich de Wange streife.

scheißendick – ist volltrunken, schlimmer als knülle,
wenn ich mich besauf un mit Fusel abfülle.

Scheppa – so nennt man den Löffel und kleinen Stieltopf,
den ein nimmz zum kochn, dat andre steckz im Kopf.

scheppan – ein lautes Geräusch, z.B. wenn etwas umfällt,
dat machtn Radau, wenn da wat nich hält.

Scheppe/Schippe – nennt man Schaufel und Schüppe,
un nachm schippm, schmeisst se inz Gestrüppe.

scheppn – sagt man zu schaufeln oder schöpfen,
zum Beispiel de Kohln, oda Wassa mit Töpfn.

scherbeln – so nennt man das tanzen,
hömma beim scherbln, tu ich mich verschanzn.

Schicht – ist die getane Arbeit, z.B unter Tage,
dann gehtz ab zum Schacht, wenn ich dich dat sage.

schicka – etwas angetrunken und gut drauf sein,
dann bisse nich knülle, abba nich mehr allein.

schickan – tut man, wenn man Alkohol trinkt,
dat is wat feinet un im Pott Instinkt.

schickobello – ist schick, sauber, sehr modisch, adrett,
schikobello zu sein, dat is do nett.

Schickse – ist ein sehr schönes Mädchen oder junge Frau,
die ich imma geane, auma nachschau.

schiffn – dann ist es heftig am regnen und das urinieren,
dat kannze beim pläästern, ja ma probiean.

Schissa – ist salopp für Angsthase oder ängstliches Kind,
habm beide Muffnsausn, wat ich nich schlimm find.

Schisselameng – ist wertloses unnützes Zeug oder Kram,
un irngswie, hat dat Zoichs seinen Scham.

Schitte – ist ein anderes Wort für Scheiße,
deshalp sach ich lieba Schitte, hömma weisse!?

Schlabbakappes – ist der Weißkohl Eintopf,
un mitte Bemme, gehta mir dann im Kopf.

schlabberich – ist wabbelig, unordentlich un ungenau,
sitzt de Buxe schlabberich, siehsse aus wie Sau.

Schlackamann – ein eingelegter oder marinierter Hering,
un ich futta, geane dat Ding.

schlackan – ist wackeln oder schütteln,
dat is so äähnlich, wie an wat am rüttln.

schlacksich – nachlässig gekleidet/ dünn, lang oder groß,
wenne schlacksich biss, isset dein Los.

Schlamassel – ist das Unglück oder ein Bedrängnis,
et issn Schlamassl, bisse im Gefängnis.

Schlampe – ist Majo oder eine unordentliche Frau,
ker geh mich wech, dat weiss se genau.

Schläppkes – die Mehrzahl für Pantoffeln und Sandalen,
krisse inne Schuhgeschäfte, in alln Filialen.

Schlappm/Schluppm – sind Pantoffel und Autoreifen,
dat kannze getz wohl, domma begeifm.

Schlawiner – ist ein kleiner Gauner und Schlitzohr
un so eina kommt schomma, inne bestn Familien voa.

Schlawwanzuch – so sagt man im Pott zum Schlafanzug,
mittm geh ich inne Poofe un mach den Abfluuch.

Schleifn – ist die Mehrzahl für das Geld,
Schleifm hat der, wer Moneten zusammhält.
Schlicks – der Schluckauf, z.B nach einem Essen
un nachm easchrekn, issa wie vagessn.
schliddan – ist das rutschen oder das schlittern,
dabei könn de Knöchskes, schomma splittan.
Schlindabahn – ist die eisige Rutschbahn,
da bisse am schliddan, mittn Affnzahn.
Schisselong – ist eine Art Sofa oder Coutch,
un bei mich, da heißt dat Knautsch.
Schlobba – ist dünnflüssiges, so etwa wie Suppe,
dat is mich egal un sowat von schnuppe.
Schlonz – ist nachlässig gekleidet, Abfall oder Kram,
ker dat is schlimm, denn dann bisse aam.
schlööan – ist tragen, schludern oder nachlässig sein,
da kannze voa Wut, nua so schrein.
schluuan – ist das schlurfen mit den Füßen
un dabei, müssn Schluhsohln büüßn.
Schluffn – sind Fußballschuhe und Autobreitreifen,
auf dat Woaat, kannze dich vasteifm.
schlunzich – ist unordentlich, ungepflegt, nicht fein,
so laufm de Blaagn rum. Muss dat so sein?
schluuderich – ist nachlässig und unordentlich sein,
hömma, sonnen Schlunz, kommt mich nich rein.
Schmacht – ist das Verlangen nach einer Zigarette,
ker, wennich bloß no eine hätte.
Schmackes – heißt: mit viel Kraft und Energie,
hömma, so trata mich vors Knie.
Schmackofatz – ist etwas schmackhaftes essen,
dat mus legga sein, sonnz kannzet vagessn.
Schmierlapp – das ist ein Schmutzfink oder Betrüger,
getz bisse schomma widda klüga.

Schmocke – ist schmieriger und klebriger Schmutz,
dat hasse inne Küche. Ker hömma, Putz!

schmookn – ist das genüssliche rauchen
un inne Sucht einzutauchn.

Schmu – ist Betrug, Unsinn oder Lügen erzählen,
un wer Schmu macht, den sollte man quäln.

Schnäbbel – ist ein lose Mundwerk oder der Mund
un dat dumme Gelaba, dat issn Grund.

schnäbbln – ist dummes Zeug von sich geben,
dem sollze sein Schnäbbl, eima zukleebm.

schnackn – ist erzählen, klönen oder plaudern,
nich imma allet glaum, au eima zaudan.

Schnalle – sagt man zur Freundin und der hübschen Frau, hömma
dat weissich un dat ganz genau.

schnalln – das ist das verstehen oder kapieren,
hasset im Kopp, oda musset studiean.

Schnapp – das ist wenn man ein Schnäppchen macht,
un sich dann, inz Fäustcken lacht.

Schnappes – so nennt man ein kleinen Schnaps,
nich zu viel süppln, sonnz gibbet n´ Klaps.

schnasseln – was süßes essen oder ein Likörchen trinken,
von zweitret gibbet, nen rootn Zinkn.

Schnecke – ist salopp für Mädchen und Freundin,
dat sarrich zu meina, kommt et mich innen Sinn.

schnibbeln – ist Bildchen werfen / etwas kleinschneiden
un bei beidn, kannze schonn mächtich leidn.

schnieke – ist ein Wort für schön und elegant,
so wiad dat im Pott, au öfta genannt.

Schnitte – eine attraktive Frau oder eine Scheibe Brot
un beidet brausse, dann is allet im Lot.

Schnodda – ist das Nasensekret, Rotz, Popel und Schleim,
läuft dich der Zinkn, dann bleip lieba daheim.

Schnoddabremse – ist der Schnurr oder Oberlippenbart,
un de obere Lippe, is total behaart.
Schnoddaschnüss – ist ein Schandmaul / loses Mundwerk,
sonne hat mein Nachbaa, der olle Giftzweag.
schnorcheln – nennt man auch das schlafen,
dat is ne Eaholunk un nich bestraafm.
Schnorrer – ist salopp für Schmarotzer oder faule Person,
so eina will sich, umsonzt ma belohn.
Schnubbel/Schnuffel – das Kosewort für deinen Liebling
un mein Schnubbl, dem schänk ich´n Ring.
schnukkan – wenn ich einmal etwas süßes nasche
un meine Bömmskes, habbich imma inne Tasche.
Schnucki – ist ein Kosename für Süßer und Süße,
dat sach ich zua Olle, wenn ich se begrüße.
schnuckelig – ist etwas schönes, eine attraktive Frau,
wennze ma eine siehs, wiad's im Maagn dich flau.
schnuppe – das heißt: Ist mir doch egal,
manchma hasse ebent, gaa keine Wahl.
Schnuppm – das ist ganz einfach der Schnupfen,
da bisse den Zinkn, mit Tempos am tupfm.
schnurz – die Steigerung von schnuppe und völlig egal,
dat is füa andre, manchma ne Qual.
Schnüss/Schnute – sagt man zum Mund,
quasselt de Schnüss, hat dat schnäbbln n´ Grund.
schockeln – ist etwas schütteln oder das schaukeln,
hömma dat isso, ich tu dich kein voagaukln.
Schockn – ist ein Würfel und Kneipenspiel,
ker Schockn is töfte, dabei süppelzte viel.
Schocken – sind Füße, Beine und alte kaputte Schuhe,
se liegn bei mich, alle inne Truhe.
Scholli (mein lieber) – ist ein Ausruf des Erstaunen,
dat sacht man dann so, tut man wat bestaun.

Schöppa – ist ein kleiner Stieltopf oder Suppenkelle,
meine Olle hattse imma, anne gleichn Stelle.
schoppm – ist das einkaufen in den Geschäften,
un dat hält de Weiba, imma bei Kräftn.
schöppn – das ist schaufeln, zum Beispiel die Kohlen
un se im Eima, aussm Kella raufhooln.
Schore – das ist eine Vielzahl oder eine große Menge.
Vatickse de Schore? Dann komm inne Gänge.
Schose – ist eine Sache oder eine Angelegenheit,
erzählze ne Schose, hömma, dann kommt der Neid.
Schössken – Verkleinerung vom Schoß, kleine Schublade,
bitte nich verraten, dat wär mich zu Schade.
Schote – ist eine interessante Geschichte oder ein Scherz,
un richtge Schootn, erzählze mit Heaz.
Schotta – ist ein anderes Wort für das Geld,
hasse viel Schotta, dann bisse der Held.
Schottn – sind die Türen oder die Fenster,
mach de Schottn ma dicht, sonnz komm de Gespensta.
schrammeln – ist ungekonntes, ungeübtes musizieren,
dat kann jeeda un brauch nichma studiean.
schrappm – ist das Geld zusammenraffen und sparen,
hömma dat lohnt sich, ich marret seit Jaahrn.
Schrapnell – ist eine schnippische laute und alte Frau,
hasse so eine, bisse öfta ma blau.
schrappich – wenn einer geizig oder kratzbürstig ist,
dat is sonnen Kerl, den keina vamisst.
Schrebbagaatn – sagt man zum Schrebergarten,
den hat mein Oppa un malocht mittn Spaatn.
schreim – das ist, nur etwas schreiben,
dat kannze dann leesn un länga aufbleibm.
Schröddel – das sagt man zu Müll oder Abfall,
liecht meist inne Tonne, mit Schimmlbefall.

Schrömmel – ist ein kleiner Rest, der Essensrest,
sowatt passieat, wenne man wat übbaläst.
schrömmelich – das ist klein und schmutzig,
un beie Blaagn, finds ich ganz putzich.
schröppn – ist das schröpfen und übervorteilen,
un dat mussich, au easma peiln.
Schrubba – ist ein Haushaltsgegenstand zum Wischen,
damit kannze dein Boden, imma auffrischn.
Schrubbe/Schruppe – ist eine Niederlage bekommen,
dann is der Geechna, total benomm.
schruppen – rein sportlich gesehen, ist das besiegen,
dat nennt sich im Pott: ne Packunk kriegn.
schubbeln – ist sich reiben oder massieren,
tu dat mittn Paatna, dann kannze brilliearn.
Schubiak – das ist ein Schlitzohr oder Betrüger,
hauta dich übba de Ooan. Ker, dann sei ma klüüga.
schubbig – das ist unangenehm, nass, kalt und kühl,
dat is dat Gegnteil, von waam un schwüül.
schuckn – das ist etwas bezahlen,
dat macht man ja, wir sin keine Vandaln.
schummeln – ist das mogel bei so vielen Sachen,
dat kannze beim spieln, ja au schomma machen.,
schummerich – das schwindelig oder kränklich sein,
is dich ma so, bisse bessa nich allein.
Schüppe (auffe) – die Schaufel, Jemand ein spielen
un nich nua de Schüppe, kann man einstieln.
schuppm – ist das schubsen oder stoßen,
dat machn de Blaagn, abba meist nua de großn.
schüppn – ist das schaufeln und schöpfen,
un de Maloche, kannze dich ma voaknöpfm.
Schussel – das ist eine vergessliche Person,
ker dat issn Schussl, son äächta Kloon.

schusselich – ist vergesslich und dumm,
bisse ma so, nimmtz man dich nich krumm.

Schüsskes – das ist im Pott, der Abschiedsgruß,
den sachsse dann, wenne ma gehn muss.

schwaan – ist etwas befürchten oder erahnen,
mich schwaant da wat, ich will dich nua wahn.

Schwachmaat – ist ein Schwächling, der Einfallspinsel,
der hat in sein Kopp, wohl ein Gerinnsl.

schwafeln – ist langatmiges und umständliches sprechen,
un sowatt höasse, öfta beim zechn.

Schwappes/Schwarte – das sind die Prügel und Dresche,
hömma da geht dich, eina voll anne Wäsche.

Schwarte – sind Prügel, eine Abreibung bekommen,
tuhnse dich ma vaschwaatn, dann bisse benomm.

Schwätzken – ist ein unterhaltsames Gespräch führen,
dat kann traurich sein un dich staak berüahrn.

schwatt – ist das Wort für schwarz,
dat sacht man im Pott so, wir sin nich im Haaz.

schwofen – ist tanzen oder eine Party feiern,
komma inne Pötte un nich lange rumeian.

schwubbelich – sich schwindelig und benommen fühlen,
dann musse den Deetz, au eima kühln.

Seega – ist ein Bekannter, ein Freund, meistens sehr nett
un der hat bei dich, ein Stein wohl im Brett.

Seltabude – ist ein Kiosk oder die Trinkhalle,
hömma ne Seltabude, kenn wa doch alle.

Senge – sind Prügel oder Schläge kriegen,
wenne richtich Senge kriss. Ker, dann bleipze liegn.

Sense – das heißt: Jetzt ist aber Schluss,
un dein Macka, wacka na Hause muss.

Serwieh – ist das gute Gedeck und das Tafelgeschirr,
dat is aus Pottzellan un nich aus Papiea.

Sibbzehna – ist ein Flaschenöffner / Werkzeugschlüssel
un der liecht bei mich, imma inne Schüssl.
Siech – das ist ein Sieg, z.B. bei Fußballspielen,
dat is wenn da mehr, alz nua null Tore fieln.
Siff – sagt man zu Dreck oder zum Schmutz,
dann isset siffich. Ker hömma, getz putz.
siffich – heißt im Ruhrpott, das ist sehr dreckig,
dann isset so, richtich schöön speckich.
Simmelant – eine Krankheit vorspielen / der Simulant,
hömma so eina, is dich sicha bekannt.
Socknschuss – das ist nicht ganz bei Verstand sein
un so eina muss, inne Klapse rein.
spachteln – ist etwas verzehren und etwas essen,
willze ma futtern, dann lass dich nich stressn.
spack – ist eng anliegend, z.B. die Hose,
liecht se spack an, dann steh ma in Pose.
spackich – das bedeutet lächerlich machen,
bessa ma du, dann kannich ma Lachn.
Spackn/Spacko/Spassel – das Schimpfwort für Dummkopf,
wenn ein Spackn labert, krisse ein am Zopf.
Spaluckn – ist abwertend für Proleten,
hömma dat Woaat, möcht ich mich vabeetn.
Spässken – ist sehr viel Spaß haben,
z.B. wenn dich eima, de Weiber angraabm.
Speckelaaz – das sind die Spekulatius,
un se zu Weihnacht, imma haabm muss.
Spekuliereisen – das ist nur die Brille,
abba ker hömma, mein letzta Wille.
Sperenzkes – sind Albernheiten oder Schwierigkeiten,
dann mach kein Unsinn un büdde nich streitn.
spiddelich – das ist sehr dünn oder sehr schmächtig,
dat sieht äch Doof aus, is ne Olle ma trächtich.

Spinnewipp – ist eine schmächtige Person oder Kind
un so wie halt, de Spinnewippzkes sind.

spinxn/spitzn – ist das heimliche beobachten und lauern,
ker dat spixn, dat kann lange dauan.

Spöökskes – sind Scherze machen und Unsinn treiben,
dat machen de Dötzkes, dat kannze so au beschreibm.

sprittich – ist betrunken sein, Durst auf Alkohol haben,
un sich imma geane, anne Pilsken ma laabm.

Steppke – so nennt man ein kleinen Jungen,
so ein habbich wohl au, der is mich gelungn.

stickum – ist sehr ruhig, heimlich, sehr leise,
dann bisse ganz still, so auf eina Weise.

Stielaugen – ist ein sehr überraschender Blick,
da hamm de Glubscha, au ma nen Knick.

Stielmus – ist ein Rübenstiel oder Kohlgewächs,
wat sehr legga is un watte au schmecks.

Stiftekopp – ein sehr kurzer Haarschnitt, die Mecki Frisur,
den hasse dannn wenn man den Kopp dich ma schuua.

Stocheisen – ist ein Schürharken für den Ofen,
damit schürrse de Kohln un gehs dann poofn.

Stööfken – ist das Warmhaltegefäß mit Teelichtkerze,
hömma, ich mach keine Scherze.

Stoppelhoppsa/Stöppsken – ist ein süßes kleines Kind,
wie de klein Blangen, halt ma so sind.

Stopplschlacht – das werfen mit Stoppeln auf dem Feld,
wie ne Schneeballschlacht im Somma, wat Blaagn gefällt.

Stoppen – sagt man zu einen Stopfen und Korken,
benutzt man nich nua im Pott, au im ländlichn Boakn.

Stöppken/Ströppken – ist das kleine Kind,
dat sarrich dich leise, eima geschwind.

stoppn – sich beim essen viel rein stopfen,
dann hass im Hals, sowie einen Pfropfm.

strack/stralle/stramm/strulle – das ist betrunken sein,
dat kommt davon, schüttsse dich Fusl rein.

ströppn – ist das wildern in fremder Gärten,
dat machen de Blaagn, glaup ich nich nua in Heatn.

Strotte – nennt man den Kehlkopf und auch den Hals,
sowohl alz auch un eehmfallz.

strubbelich – dann ist etwas sehr durcheinander,
da liegn de Plörrn, nich mehr übbananda.

strullan/strulln – salopp für urinieren und pinkeln,
et strulln de stralle sin, in alln Winkln.

Strulli – abwertend für ein Dummkopf, Trottel und Idiot,
der isso blöd, wie ne Knifte Brot.

strunzn – das ist vor allen angeben,
ker wer so strunzt, könnt ich eine kleebm.

Stücksken – das ist ein kleines Stück,
krisse wat ap, dann hasse Glück.

Stulle – das ist eine Scheibe belegtes Brot,
dat is ne beleechte Knifte, ker du Idiot.

Stunk – ist der Ärger oder der Streit,
machsse ma Stunk, bisse nich ganz gescheit.

Stuss – ist Blödsinn und Unsinn reden,
labbersse Stuss, entstehn so meist Feehdn.

Stussi – ist eine überwiegend verrückte Person,
der eantet au nua, Spott un Hohn.

stuxen – sind Bilder und Münzen werfen gegen die Wand,
wa früha alln Blagen, im Pott gut bekannt.

Stüütchen – ist ein Milchbrötchen mit Rosinen
un liecht beie Bäckas, inne Vitrin.

sülzen – ist das übertriebene schöner darstellen wie es ist,
rumsülzen machsse, wenne wat an vaschleian biss.

Sums – ist eine unangenehme Situation,
hömma sowatt endet, auma in Aggression.

Suppe – sagt man salopp für der Schweiß,
bisse am ööln, dann isset heiß.
süppeln – ist wenn man etwas trinkt,
un im Allohol, schomma vasinkt.
Süppken – so nennt man ein Süppchen,
dat futtert man gean, zu Haus in sein Stüübchen.
Sürge – dann ist etwas sehr unappetitliches oder Dreck,
dat is nix lekkret, oda nua n` Fleck.

Döneken mit -S-

Hömma, ich bin do ein *Schaluppi*, da sarrich zu meina Frieda,
dat ich auf *Schicht* geh, abba in wiaklichkeit, hatte ich mich
frei genomm un bin dann *schickan* gegang. Draussn wa et ganz
schön schattich, denn et hatte de Nacht übba heftich gefroan da
binnich voam Haus auffe *Schliddabahn* inz *schliddan* gekomm
un machte mich lang. Ich fiel voll *Schmackes* auffe Fott un
meine Plörren waan klitschnass, weisse. Da binnich rein um
mich umzeziehn, da sachte meine Alsche, wat ich widda hier
wolle. Se wa grade inne Küche un machte ihrn
Schlabbakappes. Ich sachte: „sonne *Schitte*, ich hap mich lang
gemacht un kann mitte nassn Klamotten donnich zum *Schacht*
fahn un muss mich umzieh." Meine Olle wühlte im *Schapp*
rum un wa irnxwat am *sabbeln*, ich dachte nua, lass de olle
Sabbelfott weita quasseln, se fraachte wo der *Scheppa* wäar,
abba wusste dat au nich, bin widda raus un ließ se ihr *Süppken*
kochn. Ich bin dann wacka zum Willi inne Kneipe um mich ein
zu *schnasseln*.

Inne Kneipe wa de alte *Schabracke* von neehman un konnte
ma widda ihrn *Sabbel* nich halten un quatschte in eina Tour,

denn se hatte zu viel vonnem *Sabbelwasser* intus. Se *süppelt* imma den billign *Schabau* ausse Rhön un is is dann am *schafuttan*. Ker hömma, ich könnt se dafüa so eine *schallan*, abba sonne *Schanks* bekommt man ja nich. Dat is ne *schäbbige* Olle sarrich dich, se is imma am *schättan*, wenn se *scheißendick* is un *schekn* tutse et au nich, dat keina wat von se wissn will. Se *schawenzelt* um alle *Seegas* rum die *schicka* sin un macht se an. Bisse ma an son *Schautamann* kam, der se zum *scherbeln* auffoadate. Den hatse nache Zeit abba *scheel* angeglotzt un ihm ne *Schelle* vapasst, weila de *Schonks* eagriffm hatte un se anne Fott packte un zu ihr sachte, datse ein tolln Weibaaasch hätte. Ker, wat wa de *Schelle* am *scheppan*, denn wieje ja weiss, issn Weibaaasch ja ne *Schippe, Schüppe* oda *Scheppe*, wie man so sacht nä un da fühlte sich de Olle füa beleidicht.

Nache Zeit wa ich so *schicka*, dat ich de *Schlampe* von neehman alz *schikobello* ansah un dachte dat wäar ne andre *schicke Schickse*, da haute ich im *Sack* un machte de Biege. Ker, wat wa ich da innem *Schlamassel* gekomm. Ich olla *Schlawiner* konnte dat nich *schnalln*, wie ich de *Schnalle* inne Kneipe mitma *schickobello* fand. Hoffntlich hält de *Schabracke* ihrn *Schnäbbel* un *schwafelt* nich mit meina Alschen übba dat, wat inne Pinte wa. Na ja, villeicht habbich ja ma Glück, denn meine Olle *schnääbbelt* ja eingslich nich mit der Trulla, weilse se de Olle alz *schludderich* un *schlunzich* ansieht un imma son *Schiselameng* von sich gibbt. Der ihr *Seega* is au ein *Spackn* weisse, der *Schissa* läuft den ganzn Tach imma *schlabberich* un in *Schläppkes* rum, da *schlackan* dich de Ooan wenne den siehs. Der sieht aus wie *Sau* un *schlöört* seit Jaahrn imma de gleichn Plörrn auf un is mit sein *Schluffn* imma übban Gehsteich am *schluuan*, dat de Sohle einxlich schonn duach sein müsstn. Mit seina *schlacksigen* Kleidung un de *Schlappm* siehta aus wien *Schlonz* un *schnackn* tuta au mit kein Mensch. Einet Tachs sah ich den mittn *Schlawwanzuch* im Gaatn, wieja sich eine am *schmooken* wa un sich den *Schnapps* ausse Hütte holte un sich ein zu *schnasseln*. Mich wa dat *schnurz* weisse un dachte mich mein Teil. Am liepstn hättich den ja geane ma auffe *Schüppe* genomm un ihm ein *Schmu* eazählt un mich ne *Schote* draus gemacht, abba ich musste ja rein um meina Alten beim *schnibbeln* zu helfm.

Alz dat *Süppken* feddich wa un wir gefuttat hattn, binnich ma anne *Seltabude* um mich Zichten zu holn, mein *Schmacht* wa so groß un ich hatte au keine mehr zu Hause. Beie Trude inne Bude wa widda Heileif, wennze weiss wat ich mein, der Walla, der olle *Schmierlapp* wa au da un hatte widda ma de *Schmocke* anne Plörren. Der Walla is Klüngelspitt un vadient ne Menge *Schleifn* mit sein Schrott. Da sachta, alza mich sa, op wa nich ne Runde *Schockn* wolln, er gibbt ein aus, denn er hat heute ne *Schore* Kupfa bekomm un se gut vascherbelt. Ich wa einvastandn, denn ich muss meine Kohle ja imma zusamm *schrappm*. Ich bin zwaa kein *Schnorrer* un au nich *schrappich*, abba ich hap nu ma mein *Schotta* nich so locka am sitzn, weisse.
Wir *schocktn* un hieltn einige *Schwätzchen*, dann kamen da irnxwelche *Spalukken* rein un et hat kein *Spässken* mehr gemacht, ich vaabschiedete mich un sachte zu alln *Schüssken*, ich muss getz gehn, meine *Schucki* hat bestimmt schon wat zu *spachteln* aufgefaahn. Da sacht der Walla: „Grüß mich deine *schniecke Schnecke* von mich" un putzte sich sein *Schnodda* vonne *Schnüss*, der ihm, weila *Schnuppm* hatte, inne *Schnoddabremse* hing. So ging ich leicht *sprittich* na Hause,

nahm mich abba voaher nowatt füa mein *Schnubbel* zum *schnukkan* mit. Da wiad sich mein *Schnuffel* abba freun, dacht ich, denn ich findet imma *schuckelig*, wenn se sich de Bömmskes inne *Schnute* steckn tut un dann sacht: „Mein lieba *Scholli*, is dat legga!"

Zu Hause angekomm musste ich wacka auffm Boila zum *schiffn*, bevoa ich den *Schmackofatz* zu mir nahm, abba auf den *Schlobba* von meina hatte ich mitma kein Bock mehr un machte mich ne *Schnitte*, dazu nahm ich mich nen *Schlackamann* aussm Glas un stoppe mich dat de *Strotte* runna.. Zu meina Else sachte ich, dat ich inne Bude de olle *Schnoddaschnüss* Walla getroffm hap un wir einige *Spöökskes* gemacht ham un ich ihr legga wat zum *schnukkan* mitgebracht hap. Abba dat wa ihr *schnuppe* weisse un sachte zu mich, dat ich ma wacke de Kohln ein*schöppn* müsse, sonnz krich ich wat mittn *Schöppa* auffm Deetz. Boah, se wa mitma wie son *Schrapnell* zu mich un machte hinta sich de *Schottn* dicht. Se nahm sich den *S*chrubba mit un machte ihrn *Siff* inne Küche wech.

Hömma, nich datte denkz, et sieht bei unz *siffich* aus, nee, dat tut et nich, meine Else hat nua manchma nen *Sockenschuss* un muss den *Schröddel* inne Bude sofoat wechmachn. Ich wa *stickum* am *spinxn*, wat se am machn is un sah, dat se de ganze *Sürge* vom Moaagn bereinichte. Ich kümmate mich also um meine *Schose* un nahm de *Schüppe* inne Pootn un *schöppte*, wat dat Zoich hielt, de Kohln ein. Ker, ich s*chüppte* wie der Deibel, dat ich am ööln kam un mich de *Suppe* den ganzn Balch runnalief. Hömma, mitma wa et *schubbig* gewoadn un et fing am *saun* an, mich wuade au plötzlich ganz *schummerich* umme **Schnute** un bekam n´ *Schlicks* vom *Schlackamann*

136

dazu. Ker, so *schwubbelig* wa mich nonnie unnen *Simmelant* binnich nich. Ich also zu meina Else un sachte ihr, au wennich mich *spackich* machn sollte, dat mich kodderich is. Da gaap se mich wat von ihrn heimlichn *Schnäppzken* un mich ging et nache Zeit widda bessa.

Dann binnich mitte Else inne Stadt, denn se wollte ma widda *schoppm* gehn unnen *Schnapp* machn. Da sah se ingswo im Schaufensta ein *Serwieh*, wat um hundat Ockn runnagesetzt wa, se wacka da rinn un wollte dat Teil haabm. Beeim *Serrwieh* wa au ein *Stööfken* mit dabei un dat fant se töfte, denn wa hattn ja keinz. Der *spiddeliche Schwachmaat* von Vakäufa konnte wohl nich richtich *schreim* un hattn falschn Preis auzgezeinet un dat Teil sollte getz nen Fuffi mehr kostn. Da hat meine Olle gesacht: „Hömma, höaan se auf zu *sülzen*, wollnse mich *schröppn*, se sin ja ein *Schubiak* un denkn wohl au, ich bin *schusselich* un tut *schuckn* wat se wolln, abba ein *Schussel* binnich nich!" Der *Spinnewipp* wa dem *Sums* unangeneehm un bekam *Stielaugen*, machte keine weitren *Sperenzken* un vascheuate dat *Serwieh* an meine Else zum Preis wie et auzgezeichnet wa un sachte, datta nich *schummeln* wollte un et nua ein Vasehn wa. Hömma, mich *schwaan*te schon böset, dat meine Else dem *Schussel Senge* androhte, doch se konnte sich beherrschn un hat kein *Stunk* gemacht. Se hatte also ihr *Schnäppken* gemacht un ein *Siech* davon getraagn.

Auffm Heimweech wa de Else am *strunzen*, weilse dat *Serwieh* günstich geschossn hatte un sachte, datse dem *Strulli* am liepztn anne *Sprotte* gegang wäar, weila ja son *Stuss* von von sich gegeehm hatte, von weegn falsch ausgezeichnet un so un kuaz davoa wa dem *Stussi* duachn Laadn zu *schuppm*. Da

137

sachte ich zua Else: „Ker *Schnubbel*, brauchn wa nich nowatt vom Lidl?" da sachte se: „Jau, da hasse Recht, wir brauchn noch *Speckelaaz*, *Stielmus* unnen Brot, et is ja nua noch ne *Stulle* un ein *Stücksken* Butta da, siehsse dat brauchn wa au noch."

Meine also innen Lidl rein, ich bin draussn gebliem un hap mich eine ge*schmookt*. Da sah ich nen *Steppke* am *stuxen* ein andra kleina *Stoppelhoppsa* saß bei seine Mudda auffm *Schössken* ein *Stüütchen* am *stoppn* un sachte mitma zua Mudda, datta *strullan* müsse. Ich wa am *spitzn*, wat seine Mudda getz wohl getz machn tut. Se schickte ihn inne Ecke, datta da *strulln* konnte. Dat *Stöppken* konnte dat abba nich richtich un pieselte sich an seine *spack* anliegnde Buxe, da kam de Mudda un wollte den klein ne *schwarte* vapassn, da habbich dann eingegriffm un zu der gesacht, dat getz *Sense* sei un se den klein nich *schubbm* un *schockeln* soll. Da sachte se doch zu mich, ich solle mich auf meine *Schocken* machn un vaschwindn. De Alte wa au ein bissken *strubbelich* un *stramm* inne Biaane un lallte irnxwatt zu ihrn *schrömmelich*n *Steppke*, wat ich leida nich vastandn hap.

Alz de Else vom *schoppm* widdakam, simma zum *Schrebbagaatn* gefaahn un beim Baua auffm Feld waan de Blaagn widda ne *Stopplschlacht* am machn, da wa ich am *sammulieren*, wann ich dat, dat letzte ma gemacht hap, abba dat wa ne lange Zeit hea. Ker, da simma im *Schrebbagaatn* angekomm un de Laubmpiepa warn alle schonn *strulle*. Eina von se wa auffe Klampfe am *schrämmeln*, de Weiba waan kräftich am *schwoofen* un de *Stoppen* floogn duachn Gaatn. Da kam unsa Nachbaa rübba un sachte, datse noch´n *Schrömmel* vom Grilln hättn un opwa nich au nowatt wolln.

138

Da sachte meine Else: „Ker sicha, wir sin ja nich mittn *Stocheisen* gekämmt un *ströppn* tuma ja au nich in fremdn Gäatn, abba ne Einladunk zum mitsüppeln un *schwoofen* tuma bestimmt nich ausschlaagn.

De Kerle glotzn Fussek un de Weibsn saaßn zusamm beim *schnasseln*. Hömma, dat Fussekspiel wa spannt, da wusstesse nich wer ne *Schruppe* kricht. Et spieltn de blaun zu Hause geegn Dooatmund un et ging hin- un hea. Der *Sibbzehna* laach imma bereit aufm Tisch un de kühln Pulln wuadn unz gereicht, wenn wa ausge*süpplt* hattn. Zum Glück hattich mein *Spekuliereisen* dabei un konnt live mit anglotzn, wie de Schalka de Dooatmunda mit viiar zu zwei *schuppten*. Meine Olle kam dann nachm *schwofen* zu mich un wir *schubbeltn* unz, et wa ein töfta Tach un meine Else hat nix gesacht un keine Sperenzken gemacht, weil ich heut nich auf *Schicht* wa. Se ging mitte Fott inne Poofe un ich hap mich dann kuaz nacha, au zum *schnorcheln* geleecht.

Wernne mitte Olle ma zum *schoppm* gehs, pass auf wennet irnxwo nen *Serwieh* am geehm tut, denn dat *Schnäppken* kann au schomma mit *Sperenzkes* vabundn sein, weisse!?

-T-

taapan – ist langsames gehen oder schleichen,
so kannze au, dat Ziel erreichn.
Tach – der Tag oder kurz für „Guten Tag",
Tach is im Pott n´ Grußwort, wennichs sag.
Tacheles – sagt man zu Klartext reden,
so richtich Tacheles, quatsch ich mit jeedn.

tachteln – ist das leichte klatschen oder schlagen,
ker, dat soll sich ma eina waagn.

tackeln – ist tapsen oder spazieren gehen,
dat is laatschn un nich stehn.

Tacken – ist eine Geldmünze, damals der Groschen,
un ker leida, is de Maak erloschn.

tacken (zulegen) – heißt: etwas schneller laufen,
lechsse nen tackn zu , musse sicha ma wat saufm.

tacko – sagt man wenn alles in Ordnung ist,
abba nua dann, wenn man nix vagisst.

tafeln – ist einen heftigen Schlag abbekommen,
dann liechsse da un biss benomm.

tändeln – ist das flirten oder bummeln.
Wie wär et, beim tändeln mittn fummeln?

Täng – ist die Gesichtsfarbe, nicht nur bei der Frau,
beiem Kerl, sacht man Täng ja au.

Tann – sagt man im Pott zur Tante,
au wennse Erna heißt un se nonnich kannte.

Täsch – die Tasche / oder Leck mich am Arsch,
ker, nimm de Täsch un sei nich so haasch.

Tatas/Tattas – ist ein Wort für ser Geld,
damit zahlt man, wenn man wat bestellt.

Tattagreis – ist ein alter und gebrechlicher Mann
un der allein, nix mehr machn kann.

Tattamusch – ist eine alte und gebrechliche Person,
vom Tattagreis, de weibliche Version.

Täubken – ist salopp schwangeres Mädchen / Taube,
Hauptsache dat Mädken, kommt unta de Haube.

Taumvadda – ist der Taubenzüchter, der Taubenvater,
der mit Vögles kann un issn Fachberata.

Teichpampe – ist ein abwertendes Wort für Kuchen,
krisse kein Stücksken ap, dann bisse am fluuchn.

teilacken – ist das flüchten, abhauen oder weggehen,
hömma, dat kannze doch wohl vastehn.

Teilchen – sind Hefe oder kleine Gebäckstücke.
Oda is dat, ne Bildubgslücke?

Teita (gehn) – ist einen Spaziergang machen,
hömma, dabei lass ich et oft ma krachn.

Terwn – das ist die Mehrzahl für Zehe,
wo ich schomma drauf stehe.

Teufe – das ist aus dem Bergbau und ist die Tiefe
Hömma, da gibbich dich alle Siegl un Briefe.

Terz – ist Ärger oder Aufstand machen,
is nich zum beömmeln un nich zum lachn.

Theater (machen, haben) – sind Probleme oder Streit,
hat oda macht eina Theata, dann isset soweit.

Tille – ist abwertend für Mädchen oder Frau,
wer sowatt sacht, is füa mich ne dumme Sau.

Tinnef – ist dummes Zeug, Unsinn oder Kram,
macht eina Tinnef, machtat dat mit Scham.

Tittelatur – so nennt man die fraulichen Busen,
worann alle Kerle, imma geane schmuusn.

Töfta – ist eine nette, vertrauenswürdige Person,
den erkennze schon, beiem erstn Ton.

Töftn – ist ein netter Kerl und ein guter Freund,
Hauptsache der Seega, pieft sich kein Jiont.

töfte/töffte/toffte – ist schön, klasse und toll
hömma dat is töfte, dat find ich wundavoll.

Töle – so nennt man hier einen Hund,
den Naam hattn Köta un dat nich ohne Grund.

Tonne (kloppen) – ist das ist überflüssig, kann weg,
un et zu behaltn, dat hat kein Zweck.

Töppe – nennt man hier im Pott die Töpfe,
krichta dat getz, alle in eure Köpfe.

Topplappm – das ist der Topflappen,
is beim brutschln anne Flosse un füa de Pootn Schlappm.
Torfnase – ist ein Dummkopf oder der Spinner,
un manchma sogaa, wie ein ächta Gewinna.
Törtchen – sagt man zu einer attraktiven Frau,
dat ich se ansprech, weissich genau.
Töte – **ist** ein Blechbehälter um etwas zu holen,
un inne Kohlentöte holt man Kohln.
totschlaang – das ist das totschlagen!
Hömma, hasse getz no Fraagn?
Totten – sind kleine Knötchen in den Haaren
un da kannze dich, dat waschn nich spaan.
Trabbel – ist der Ärger, Schwierigkeiten oder Streit,
ker, mamma kein Trabbel! Bisse nich gescheit?
Trallafitti – ist ausgehen, vergnügen sich amüsieren,
hömma auf Trallafitti, musse ma probiean.
Trällatüten – das sind die Unterhosen vom Mann,
wozu man au Schlüppa saagn kann.
trampeln – ist treten, schnell in die Pedalen kommen,
so kannze ganz wacka, de Feinde entkommen.
Traan – ist die Müdigkeit, die einem überkommt,
wennze im Traan bis, hömma, dann pennze prommt.
Träne – ist ein Langweiler oder eine Schlafmütze,
un sonnen Kerl, is au keine Stüze.
Tranfunzel – langsam agierender Mann / trübes Licht,
dann isset finsta un man sieht wat nicht.
tranich – ist schwerfällig und langsam sein,
dann hasse ne Tranfunzel, imma annem Bein.
Transuse – ist die Tranfunzel in weiblicher Ausgabe,
gut daddich keine Transuse, anne Seite habe.
Traute – ist der Mut oder jemanden widersprechen,
hömma dat is gut, abba et kann sich rächn.

Treck – ist der Zug, Schwung ,Trieb und Drang,
ich sach dazu, sonnen Treck is lang.
treckn – das ziehen oder zerren,
wenne treckn muss, musse dich nich sperrn.
Trecksack – nennt man das Akkordeon
un dat hasse getz, nu eima davon.
Treesken – ist das einfältige, biedere Mädchen und Frau,
wenne sonne Schickse hass, ker, da mach dich schlau.
Treetas – ist die Mehrzahl für Schuhe,
ich vasteh de Weiba nich, mit ihrm Treeta getue.
trietzn – ist jemanden ärgern und quälen
un wennet eina dat macht, mussich ihn anzäähln.
Trollo – ist salopp für Dummerchen und Langweiler,
ker der lief bestimmt, irngswann vorem Pfeiler.
Trommelstöcke – das sind dünne Arme oder Beine,
hömma Trommlstöcke, sin nich dat alla feine.
Trööte – ist der Dummkopf / Kehle / Kindertrompete
un se kost für dat Blaach, ne Menge Asche un Knete.
tröötn – auf der Trööte blasen / trinken oder zechen,
gehsse dich ein tröötn, dann kannz de Zeche blechn.
Troppm – das ist einfach nur ein Tropfen,
isset am troppm, musse dat Löchsken stoppm.
Trude – ist ein Synonym, für eine redselige Frau,
se quasslt dir´n Knopp anne Backe, dat weissich genau.
Trulla – abwertend für Frau / ein zappeliges Mädchen,
ker un sonne Trulla, gibbet im jeedn Stäädtchen.
Truschka – ist eine dickliche und weibliche Person
un se kennze bestimmt, unta Matruschka wohl schon.
Truudchen – ist ein unaktraltives Mädchen oder Frau,
noch schlimma isse geschminkt, mit rot un blau.
tschakkn – ist das arbeiten, nicht das malochen,
ker dat maarich ewich, seit Taagn, übba Wochn.

143

Tschö – heißt Tschüss oder „Auf Wiedersehen",
hömma un dat kannze, übbaall vastehn.
Tschüsskes – ist ein Abschiedsgruß hier aus dem Pott,
ganz woanners sacht man: Moin Moin un Grüß Gott.
Tucke – ist abfällig für Frau oder einen Homosexuellen,
dat kannze am Geschlecht, abba nua feststellen.
tucketucke – das heißt: jetzt mach einmal langsam,
sarret nich hektisch, sarret mit Scham.
Tucktuck – ist der Hahn oder das Huhn
un dat hat nix, mit Dummheit zu tun.
tüddelich – ist etwas vergesslich und zerstreut sein,
is eina tüddelich, dann isset zum wein.
Tüddelkram – ist der Kleinkram, Zeug oder Plunder,
packsse etwat nich wech, ker dann gibbet Zunda.
Tullux – ist der Unsinn oder die Hektik,
mamma kein Tullux, ich hap dich im Blick.
tun – ist das machen, gehen oder nehmen,
dat hat hia im Pott, ganz vaschiedene Theem.
tunken/tuppen – jemand eine klatschen, herunterhauen,
dat machsse bei dem, tuta dich dann beklaun.
Tünnes – ist ein Tolpatsch und liebenswerter Idiot,
ker der is so dumm, wie ne Knifte Brot.
Tünneskopp – das ist ein Depp und ein einfältiger Mann
un dat is eina, der so gaanix kann.
tupfn – ist jemanden eine Ohrfeife verpassen,
marret lieba nich, tu et bessa lassn.
tuschn – jemand schlagen, fester als tunken,
dann issa wohl saua un staak angetrunkn.
Tussi – ist ein Mädchen, die oft ihre Freunde tauscht,
dann isse bestimmt, vom neun Seega berauscht.
Tüss/Tüsskes – ist ein hier im Pott der Abschiedsgruß
un den ne dann gean, zure Freunde saagn tuhs.

Tussnelda – ist ein abwertendes Wort für die Frau,
se geht ein auffm Wecka, dat weissich genau.
tutti – heißt: gut und geschafft,
is getz allet tutti. Hasset gerafft?

Döneken zum -T-

Da binnich einet *Tach´*s duache Kollenie am *taapan* un da kam mich ne *Tusnelda* mit ne *Töle* entgeegn un sachte „*Tach*" zu mich. Ker, dat fant ich *töfte* hömma, dat et sowatt no gibbt, denn de meistn jung Leutz ham ja den Kopp apgesenkt un glotzn auf ihr Schmaatfon. Ich dann au ein gutn *Tach* un *Tschö* gewünscht un bin meina Wege weita gelaatscht. Ich hap nen *tacken* zugeleecht, denn so dat *tändeln* is ja nix für mich weisse. Ich zum Bäcka rein, um da ein paar *Teilchen* vonne *Teichpampe* zu holn, damit ich meine Nachbarin, der liebm *Tattamusch*, ne Freude machn kann un se ma zum Käffken einzelaadn. De *Tussi* hinta de Theke, „leck mich anne *Tääsch*", hatte ein *toften Täng*, unne geile *Tittelatur*, wennze weiss wat ich mein, nä. Da fraachte mich dat *Törtchen*, wat ich wolle un ich hap dann gesacht, datse mich vieaa *Teilchen tun* soll, lechte ihr de *Tattas* hin un bekam einige *Tacken* zurück. Ich sachte freundlich „*Tüss*" un dat Törtchen: „*Tüsskes* un bis nächtet ma, nä." - „Jau", sachte ich zu dem *Täubken*, „bis denne" un ging raus.

Auffm Weech kam mich der oll *Tattagreis* un *Taumvadda* Nobbi entgeegn, der hat mich abba nich eakannt un is weita *Teita* gegang. Ker, gut datta mich nich eakannt hat weisse, denn ich hatte mit dem ma richtich *Tacheles* gelabert un dem gesacht dat et mit seine *Täubken* nich so weitagehn tut, weilse mich den ganz Gaatn vollkackn. Hömma, da wollta mich *tachteln* un mich eine *tafeln*. Hömma, da binnich wacka *teilaken* gegang, um Äaga aussm Weech zu gehn, denn der eazählte mich imma irngs son *Tinnef*, weisse. Noamalaweise issa ja n´ *Töfta* Seega, abba seitdema unta Taage in tausnd Meeta *Teufe*, wat auf sein Flunken gekricht hat un ihm seithea drei *Terwn* fehln, issa nua noch langsam an *tackeln* un will *Terz* machn. Dat is ne ächte *Torfnase* gewoadn, un imma auf *Trabbel* aus un möchte jeedn *totschlaang*, der wat geegn de *Täubkes* sacht."

Alz ich daheim wa, binnich rübba zua *Tann*, der *Tattamusch* un hapse zum *Teilchen* futtan un Käffken süppln eingelaadn, se sachte: „Hömma, is *tacko*, ich komm gleich bei dich, dat *Treesken* is no da un geht gleich auf *Trallafitti*. Ich muss der *Transuse* nomma bescheit saang, datse mich nonne *Töte* mit Kohln aussm Kella holn soll, weisse Bescheit, nä!?" - „Jau, tutti", sachtich. Ich mich schomma inne Zeit meine *Treetas* ausgezong un inne Puschn geschlüppt. De Blaagn von Hämpel waan sich schonn widda am *trietzn*. Se hattn ma widda de *Tööte* dabei un *töötetn* de ganze Zeit voam Gaatn un klopptn dazu noch auffe *Töppe* rum. Ker, wat wa dattn Remmidemmi, da krisse ein am Kopp, weisse.

De **Tille** von Hämpels hat den ganzn Kopp volla *Totten* un müsste ma zum Frisöör. Ich glaup dat *Truudchen* hat keine *Traute* dahin un macht imma *Theater*, wenn ihre Mudda davon anfänkt. De Mudda Hämpel is au ne *Tussnelda* weisse, se liecht andauant im *Traan* un is sonne richtge *Träne*. Se kommt nich inz *trampeln* un wiakt richtich *tranich*, wennse von ihrn *Tünneskopp* de *Trällatüten* auffe Leine hänkt. Ihre *Trommelstöcke* beweechte se so langsam wie et nua geht. Da denkze dich: dat *tschakkan* hat se au nich eafundn. Ihr Kerl, de

Tranfunzel is nich bessa, wennse de Wäsche macht, sachta imma: „Mamma *tucketucke* un nich mit son *Treck* hömma."
Wennze dat siehs un hööas, könnze dem *Tünnes* au eine *tunken*.

Meine Else kam zua Tür raus un hatte de *Topplappm* inne Pootn un sachte zu mich: „Ker, de neun *Töppe* kannze inne *Tonne* kloppm, se taugn füan Aasch nix, weisse!" Da sachte ich, „wat issn getz schonn widda?" se antwoatete mich: „Der *Tucktuck* is schonn zwei Stündken am kochn un nonnich weich, da kannze *treckn* so viele willz, er geht nich aussenanda." - „Hömma" sach ich zu meine Else, „du biss mich ne *Trulla*, mamma nich son *Tullux*, dat liecht donnich anne *Töppe*, wenn der *Tucktuck* nich weich wiad, dat liecht annem Huhn selba, dat issn olla Gockl, weisse."
Da wolte se mich eine *tuschn*, abba ich konnte mich duckn un meine Else is inne Küche vaschwundn. Ker, da kommtse mich mit son *Tüddelkram* an, alz op ich Koch wäar un se helfm machn könnte, nee, nee. Soll de *Truschka* den Gockl doch so lange kochn, bis dat Fleisch apfällt, dann brauchse den au nich puuln.

Am Gaatnzaun sah ich de *Tucke* von neehman, meine sacht zu dem, datta ein *Trollo* sei, ich abba fint den klasse, dat issn *Töftn* Seega un der spielt imma auf sein *Trecksack toffte* Muckke, weisse. Ker, lassin doch seine sexuelle Seite haabm, wenna nu ma auf Kerle steht, dann isset so, ich hap nix dageegn. Ein bissken *tüddelich* issa ja, abba wäar hat schonn alle *Troppm* im Glas, ich au nich, wennze vastehs. Meine is ebent ne olle *Trude*, se quasslt viel, wenn der *Tach* lang is weisse.

147

Un denk dran; wennze beim Bäcka *Teilchen* holz un da is ne
Tussi mit na *töftn* Figua un ne geile *Tittelatur*, dann kannze ihr
ma ein *tacken tun*, bevoare *Tüsskes* sachs.

Also bis dann ma, *Tschüsskes*

-U-

übba – das heißt: übrig und über,
is nowatt übba, dann komma rübba.
übbabatun – wenn man etwas überzieht,
damit dat nachea gut aussieht.
übermöllern – ist reinlegen, bei einem Angebot reinfallen,
dann bisse krawuttich un wetzt de Kralln.
Ulliga – ein kleines Baby und kleines Kind,
saagn de Eltan, weilse so sind.
ülmen – ist das qualmen oder rauchen,
wat alle Raucha brauchn.
umme – ist umsonst oder kostenlos,
dat krisse füa umme un brauss kein Moos.
umnieten – zur Strecke bringen, töten oder erschießen,
dat is schlimm un nennt et Blutvagießn.
umnöppeln – jemand oder etwas umhauen,
dafüa brausse viel Mumm un muss dich au traun.
umschuppm – ist umschubsen oder umstoßen,
dat macht schomma der kleine, mit sonnen großn.
unegal – das is ungleich oder nich gleich lang,
dat sin de Ääaml von mein Ploowa un lieecht im Schrank.
Untabuxe – ist die Unterhose vom Mann,
weila sich im Schlüppa, nich wohlfühln kann.
unta Tage – ist unter der Erdoberläche auf dem Pütt,

da wuad manch ein Kumpl, leida öfta vaschütt.

urich – heißt: urig, seltsam, sonderbar und originell,
ker dat is ja urich, dat sarrich schnell.

ürich – ist beleidig und schlecht gelaunt sein,
is eina ma ürich, so isset nich fein.

Ursel/Ussel – ist das Baby, Nesthäckchen und Kleinkind,
weil soiche Ussels, niedlich un knuffich sind.

urselich – sagt man zu winzig oder zu niedlich,
Ursels sin lieb un au sehr friedlich.

usselich – ist schmutzig, nasskalt und unangenehm,
beim usslign Wetta, machsset dich zu Hause bequem.

Döneken mit -U-

Einet Moaagns saß ich mit mein Kumpl *Ulli* inne Kaue beim umziehn, da fiel ihm auf, dat seine *Untabux* noch klätschnass wa un er keine andre aufm Haken hatte. Da habbich zu dem gesacht, datta domma zum Wäschefritze gehn soll un sich ne neuje zu holn. Da sachta doch zu mich: „Hömma du Aasch, wie soll ich dattn machn, soll ich nackent duache Kaue, *übba*n Flua, zua Wäschekamma laatschn, ich hap do nix zum *übbatun*. Dat Gebaumel kann ja dann jeda sehn machn."

Da sarrich: „Ker, hia inne Kaue sieht dat Dingen do au jeeda, wat is dat Problem?"

Da is der Ulli, so nackich wia wa, zum Wäschefritze um sich ne *Untabuxe* zu holn. Ker, der Ulli benimmt sich au manchma wie son *Ulliga*, weisse. Alz der Ulli zurück kam, hatta ne lange *Untabüx* inne Pootn gehappt, von der waan de Beine *unegal*, dat sah richtich *urich* aus, wennze vastehs!?

Da habbich ihn gefraacht oppa se füa *umme* gekricht hat un er sachte datse ihm vom Lohn apgezoong wiad. Da sarrich zum Ulli: „Ey du Eijakopp, da hatta dich abba gut *übermöllert*, dat

149

wiad dich nich vom Lohn apgezoong, dat is füare Malooche un füa **umme**." Da wollta mich aus Spässken **umschuppm**, abba ich bin ja kein **Ursel** un wacka zua Seite gehüppt. Da waara am grinsn un sachte: „Ey Michi komm, wir gehn nomma eine **ülmen**, bevoa wa na **unta Tage** müssn." - „Jau", sachte ich, abba ich hol mich nochn Käffken, hömma, wollze au ein?" - „Nee", sachta un ging schomma ausse Kaue na draussn.

Beie Anfaaht am Schacht kam der Steiga Piontek zu unz un sachte dat wa heute inne Strecke de ganzn Holzstempls **umnöppeln** un valaadn solln. Da wa der Ulli abba **ürich** un sachte zu mich im leisn Ton, so dat dat der Steiga nich hööate: "Ker, widda sonne bekloppte Malooche, dat isso **usselich** un de Trällatüten sin moaagn widda nich trockn. Hömma Micha, kann sich der bekloppte Steiga nich andre Kumpelz füare Malooche suchn, imma wir beide, nä. Ker, ich könnt den Kerl umnieten, weisse." Wie der Ulli dat sachte hömma, kama mich richtich **urselich** rübba un ich musste mich beömmeln.

Also wennze ma ne neuje **Untahose** brauss, weilse klätschnass is, dann renn donnich nackich duache Kaue un tu dich easma wat **übbatun,** denn dat sieht **urich** aus.

Ne schöne Schicht noch un Glück auf

-V-

Vaaein – das ist einfach nur ein Verein, z.B. füa Taubm un Fussball, so musset sein. **vabassln** – ist das scheitern oder vergessen, hasse wat vabasslt, bisse am stressn.

vabimmsn – das ist das verprügeln,
dat muss nich sein, man kann sich au zügeln.

vabrötscheln/vabrutzeln – ist etwas anbrennen lassen,
dann tu ich et nich frettn un muss ma passn.

vabummfiedeln – ist etwas verlieren oder verlegen,
finz et dann widda, is dattn Seegn.

vadaddeln – auch etwas verlegen / die Zeit vergeuden,
anne Konsole zu zocken, dat tuhsse mit freudn.

Vadda/Vatta – der Rufnahme für Ehemann und Vater,
ker un höaata nich, dann gibbet Theata.

vadorri/vadorrich – ist verdammt oder verflucht,
dat sacht man oft, wenn man wat sucht.

vadötschen – das ist etwas verformen oder verbeulen,
dat kisse am Kopp un biss voll am heulen.

vadrücken – alles aufessen, weggehen oder abhauen,
wenne dich wat vadrückz, vagess nich dat kaun.

Vafleegung – ist die Verpflegung für Unterwegs,
dat sin meistnz Kniften un keine Steaks.

vahackstücken – etwas besprechen oder bearbeiten,
dat is nich zanken, sondan zua Taatn schreitn.

vakimmeln – ist etwas verlieren,
hasse wat vakimmlt, kannz nich brillieren.

vaknietschn – ist senil werden oder verwirrt sein,
dann machsse nur Blödsinn un biss steetich allein.

vakloppm – jemand verhauen oder etwas verkaufen,
dann tuhsse wat vertickn, oda biss dich am raufm.

vaklüngeln – wenn man etwas verlegt oder verliert,
dann is man vaknietscht un somit vawirrt.

vaknuusen – etwas verkraften und ertragen müssen,
wenn de Olle nich will, z.B. fummeln beim Küssen.

vakookelt – sagt man, wenn etwas angebrannt ist,
un sich dabbei denkt: „Ker, wat füaren Mist."

vakröppn – das ist, wenn man sich verletzt,
meist auffe Maloche, oda wenn man sich fetzt.

valöötn – sich einen Rausch mit Alkohol antrinken,
un inne Pinte, nachm Wiiat winken.

vanatzen – jemanden verschaukeln oder reinlegen,
damit kannze nen Kerl, ganz schöön eareegn.

vanümftich – ist vernümpftig, hochwertig und stabil,
ist etwat vanüftich, dann bisse am Ziel.

vapackn – wenn einer viel vertragen kann,
un nachm valöötn, ne Wette gewann.

vapeilt – dann ist man durcheinander oder verwirrt
un sich bei manchm, einfach nua irrt.

vapieseln – sich davon machen oder weggehen,
dat is do noch leicht, dat kannze vastehn.

vapläästan – ist verprassen oder jemanden schlagen,
dat kann mäahreret sein, dat wollt ich nua saagn.

vaplättn – das ist schlagen / die Meinung sagen,
wenn dich eina vaplättet, dann hasse keine Fraagn.

vaplemmpan – etwas vergeuden oder vergießen,
beim Wassa isset, dat de Blümkes sprießn.

varatzn – ist einfach nur das verschlafen,
un manche wolln dich, meist dafüa bestraafm.

vasaubeuteln – etwas falsch machen, etwas verlegen,
passiert et dich ma, kannze dich gut aufreegn.

vaschachan – ist eine Sache verkaufen,
dann kannze de Kohle, genüsslich vasaufm.

vaschluudan – wenn man etwas verlegt oder verliert,
dann is man zu dösich un wa zu vawirrt.

vaschrömmelt – ist verschrumpelt oder sehr faltig,
da is irgendzwat alt un schrummplt gewaltich.

vaschütt – das heißt: verschwunden oder verloren,
hasset kapiert, schreipz dich hinta de Ooan.

vasift – wenn etwas verdreckt / unordendlich ist,
dat nennt man schmuddelich, damitta dat wisst.

vaspachteln – ist einfach nur etwas essen,
dann bisse am futtan, dat kannz nich vagessn.

Vatrach – das ist ganz einfach nur der Vertrag,
den füllze ma aus un et trifft dich der Schlach.

vatun – das sagt man wenn man sich irrt,
dann is man im Kopp, so richtich vawirrt.

vawaan – etwas verwahren und gerne behalten,
dat machn de Leutz, meist sin et de altn.

vawämmsn – ist verprügeln und kräftig schlagen,
dat machn de Jungz, de ganz frechn Blaagn.

vazuckn – ist nur das weggehen,
wennze dich ma vazucks un allet bleipt stehn.

vadellich – heißt: verflucht oder verdammt,
das sachsse zu dich, wenn dich eina rammt.

verbraten (ein) – jemand eine Niederlage zufügen,
dann hasse Späassken un dein vagnüügn.

verdummbeuweln – ist veräppeln / für dumm verkaufen,
dat hasse nich gean, möchtz am liebztn wechlaufm.

verfumfein – ist etwas verderben oder verschwenden,
dat liecht dann bei dich, in dein eignen Händn.

vergageian – jemand verarschen, auf den Arm nehmen,
dat kommt schomma voa, dat issn schlechtet Benehm.

verjumbachn – ist das verschwenden und Geld ausgeben,
dat macht abba Spaß, man will ja au leebm.

verkackemadulln – Blödsinn erzählen / dumm verkaufen,
der kann sich waam anziehn un ganz wacka laufm.

verkasematuckeln – hastiges essen, schlingen und trinken,
davon krissn Wampzt un Schmeazn, se winkn.

verkloppen/vermöbeln/verrollen – ist das verhauen,
dat machn de Kerle un au manche Fraun.

verknietschn – ist das vertragen, aufnehmen und vestehen,
un so kann et dich, au eima eagehn.

verklickern – ist etwas erklären oder klarmachen,
so isset nu ma, bei irngswelchn Sachn.

verknackn – ist jemanden verurteilen und bestrafen,
dann kannze im Knast, Nächtelang nich einschlafm.

verlöten – ist sich ein kippen, ein Pegel antrinken,
da kannze beim süppeln, ganz schön vasinken.

vermatschn – das scheiterrn, nichts im Griff bekommen,
dann is wat misslung un biss ganz benomm.

vermöbeln – jemand schwer verhauen oder ich werde,
dann liechte der jemand oda ich, meistenz auffe Eade.

verohnepiepeln – ist das veräppeln und lächerlich machen,
da bisse dich am beömmeln un voa Spässkes am lachn.

versaubeuteln – ist etwas falsch machen oder verlegen,
tuhsse wat vasaubeutln, dann stehsse im Reegn.

verscherbeln – ist unter Wert, etwas billig verkaufen,
hasse wat vascherblt, kannze de Kohle vasaufm.

verschlammpen – ist etwas verlegen oder verlieren,
hömma dat geht dich, dann voll anne Nieaan.

versemmeln – ist das verhauen, eine Sache verderben,
wenne wat vasemmls, ker dann möchtsse steabm.

verticken – etwas verkaufen, ein gutes Geschäft machen
un nachm vatickn, bisse heimlich am lachn.

vertobacken – ist das essen oder viel trinken,
da tun dich da, töfte Speisn au winken.

verwixen – ist eine rüde Form vom verprügeln,
ker dat is ganz schlimm, da kannz dich nich züügln.

Viech – ist das Vieh oder das Tier,
hömma so nennt man se, bei unz im Reviea.

Visitte – damit ist das aus- oder weggehen gemeint,
ker dat is äct töfte, wenn der Lorenz scheint.

voll – ist sehr viel oder betrunken sein,
dann bisse betüddlt un nich nua zum Schein.
Vollfosten – ist ein Schimpfwort für Trottel und Idiot,
sachsse eima Vollpfostn, der Kerl sieht dann rot.
vollsteif – das ist salopp, für sehr betrunken,
dann bisse abgestüazt un ganz tief gesunkn.
vorran – heißt: mach etwas schneller,
machta nich vorran, ziehta gaanix vom Tella.

Döneken mit -V-

Ker *vadorri*, da wollte do son olla *Vollpfosten* ausssm *Vaaein*,
mein Kumpl den Volla *vakloppm*, hömma, da binnich
dazwischn un un habbin gesacht, datta sich *vadrückn* soll,
sonnz müsstich ihm *vapläästanun* un ma so richtich *verwixen*.
Hömma, der wuade ganz *vanümftich* un hat sich wacka
vapieselt. Nachdem habbich meine *Vafleegung* rausgeholt un
hapse *verkasematucklt*, da musste ich mein Kumpl Volla leida
verklicken, datta davon nix aphaahm kann. Der Volla wa ein
bissken *vapeilt* un konnte nich *vaknuusn*, dat et nua ein
Spässken wa un ich ihm *vanatzt* hap. Eingslich wollte ich ihm
noch *vaplättn*, watta auffe Maloche *vasaubeutelt* hat un ihm
eakläan, wieja sich nächstet ma nich mehr *vatun* kann. Abba
der Volla is ja getz mit sein *Viech* auf *Visitte* un ich brauch
meine Zeit nich mit dem zu *vaplämmpan*.

Hömma, dann fing dat Fussekspiel an. Hoffntlich *vabassln* se
dat nich widda, sonnz mussich mich ein *valöötn*. Ich wa voll
beie Sache un schrie: „Hömma macht *vorran* un schießt ne
Bude." Dat Spiel stand auf Kippe un et ging hin- un hea. Der
Schiri wa au ein bissken *vermatscht* un gaap *vadellich* nen

155

Elwa füare Gästemannschaft. Denn der Vateidiga von unz hat ganz schöön wat *versaubeutelt* un sein Geechna *voll*, abba voam Strafraum geleecht. Gut datta den nich *vakröppt* hat, so wieja reingegang is. Abba der Seega konnte dat ja gut *verknietschn* un hat ja nen Straafstooß bekomm. Der Elwa wuade ausgefüahrt un vom Torwaat gehaltn.

Hömma da konnta den Schützn abba *verhohnepiepeln*, der is auf ihn zu un wollte im *verkloppen* un *vabimmsn*. Dat abba sah der Schirri un *verknackte* ihm un gaap ihn ne Roote Karte. Getz wa der Geechna nua noch mit zehn Männekes auffm Platz un ich hoffte, dat nix *vabrötscheln*. Da passieate et, eina vonne Gäste *vaklüngelte* de Pocke, unsa Stüama wa allein voam Tor, er *versemmelte* dat Dingen nich un traaf zum 1:0. Kuaz danach wa Schicht im Schacht un wir konnten den Geechna ein *verbraten*, siechtn un stiegn au nich ap. Man brauchte keine Spiela zu *verticken* un der *Vatrach* wuade mit einign Spielan valängat.

Nache Nichapstiechsfete binnich *Vollsteif* na Hause, denn ich wollte ja nix *vabrutzln* lassn un hap mitgezecht. Mein *Vadda* habbich dann daheim, so *vollsteif* wie ich wa *verdummbeuwelt* un ihm gesacht, dat wa *valoan* haabm. Alza gemerkt hat, dat ich ihm am *vergageian* bin, wollta mich aus Spässken *vermöbeln*. Da ich ja nonnich so *voll* wa, konnte ich ihm de Sache *verfumfein* un ausweichn. Ich musste mit mein *Vatta* au nowatt *vahackstückn*, weil ich de Uhr *verschlammt* hap, die ich füa ihm *verscherbeln* sollte. Er sachte abba nua: „Ker Michi, wie kannze mich denn so *verkackemadulln* un saagn datte de Uhr dieje *vaschachan* solltes, *vakimmelt* hass? Isset dein Eanst oda wat?" Da sachte ich: „Hömma Vadda, dat ich de Uhr *vabummfiedelt* hap, dat tut mich leid, du weiss ja wie dat is, wenne dich ein am *verlöten* biss, da bisse total *verschrömmelt* im Kopp un *varatzt* dat einfach. Getz isse leida *vaschütt*, dat habbich *vadaddelt*, abba de Kohle krisse von mich widda, weisse."

Hömma, da wa er abba ganz schön *vadötscht* un wollte mich *vawämmsn*, konnte sich abba zurückhaltn un musste sich eastma *vazuckn*. Da ich Kohldampf hatte binnich inne *vasifte* Küche vom *Vadda* un musste mich wat *vertobacken*. Da laach inne Pann nochn *vakookeltet* Kotlett un dachte: Dat tut sich mein *Vadda vawaan*, da gehsse nich dranne. Also machte ich mir ein paar Kniften zum *verspachteln* un hap mich voagenomm, de nächste Zeit meine Knete nich zu *verjumbachn*, da ich ja getz spaasam sein muss, damit ich den ganzn Schotter füa mein alten seine Uhr zusamm bekomm. Dat habbich in kuaza Zeit geschafft, mein *Vadda* wa glücklich übba de ganze Kohle un ich konne de Penunsen widda auffm Kopp haun un musste nich mehr knickerich sein.

Also wennze dich ma in dein *Vaaein* ein *valöötn* tuhs, dann *valier* voahea nich dat, watte *vascherbeln* sollz. Un sach dein *Vadda* Bescheit, wat Ambach is, datte ihm im nachhinein nich *vahackstückn* muss, datte *Vollsteif* wat *vaschlammt* hass.

-W-

wacka – heißt: mach schnell oder sehr eilig,
hömma, sonnst wiadet dich langweilich.
Wackamann – ist der große Stein,
fällta dich auffm Flunken, dann bisse am schrein.
Wackatreta – sind die Lauf oder Turnschuhe,
die habbich imma an, getz lass mich inne Ruhe.

Waffel (hasse ein) – hast du ein am Kopf, bist du verrückt,
sacht eina: „hasse ein anne Waffl", bisse nich entzückt.
Waldfee – heißt: Donnerwetter / jetzt geht es los,
dann „Holla de Waldfee" un dat Theaata is groß.
Waldheini – ist abwertend für Trottel und Dummkopf,
sacht dat eina zu dich, dann packz ihm am Schopf.
Walla – ist die Kurzform für Walter,
dat weiss hia ein jeeda, vastehsse Alta.
Wallachei – ist die Einöde, der/am Arsch der Welt,
dat is da, wo et kein gefällt.
wämmsen – ist das klopfen, prügeln und schlagen,
wämmsen tuhn sich de klein un großn Blaagn.
Wampe/Wanne – ist einfach nur der dicke Bauch,
ker weisse wat, den habbich ja auch.
Wanne – ist der dicke Bauch / kurz für Wanne-Eickel,
sacht eina zu Wanne Häane, hömma, dann wiads heikl.
Waschlappm – bedeutet Feigling oder Angsthase,
dat sachsse un zeichs ne Nase.
wat – heißt: etwas oder was
wat sarrich geane un macht Spaß.
wech – ist das weg / wo kommst du her,
aussm Ruhrpott komm wa wech, wat willze mehr.
wechschruppm – ist das wegschrubben oder besiegen,
tuhsse wat nich wechschruppm, bleipt et lieegn.
Weiberarsch – nennt man die Hezschüppe im Bergbau,
nache Foam der Fott benannt, vonne Frau.
weisse/Weisse – heißt: weisst du? / verstehst du?
Hömma, „weisse" is wie „nä" un „woll", ein olla Schuh.
Welle (Mamma keine) – bedeutet sich (nicht) aufspielen,
damit willze nua, ne Aufmeaksamkeit erziehln.
Wemmsa – ist ein kräftiger Mann / ein großer Brocken,
hömma siehsse se, bisse vonne Sockn.

wezzn – ist das flitzen oder rennen,
dat hasse schomma gehöaat, dat musse kenn.

Wibbelfott/Wibbelfutt – ist das unruhige, zapplige Kind,
dat eakennze sofoat un ganz geschwind.

wibbelich – ist unruhig und zappelich sein,
meist isset ein Blach un dazu am wein.

wibbeln – ist das schaukeln oder zappeln,
dann kannet im Kaatong, au schomma rappln.

Wickn (das ging voll inne) – wenn etwas schief geht
un man nun, allein da steht.

Willi – steht abwertend für ein Dummkopf,
der läuft innem Hemd rum, au ohne Knopf.

Willem – ist die Kurzform für Wilhelm,
dat issn Männaname un kein Schelm.

Wimmelsquieke – ein altes Fahrzeug was gammelig ist
un wenn et im Aasch is, man et nich vamisst.

Wind (durch den) – ist sehr müde oder erledigt sein
un schmeisst dich inne Poofe rein.

Wisch – ist ein Schriftstück oder Schreiben,
an sowatt kannze dich, schomma aufreibm.

Wispel – ist eine unruhige, nervöse Person,
datte wispelich biss, dat wusstich schon.

wispelich – ist unruhig sein
un lässt dich bessa nich allein.

Wixbürste – ist eine Büste zum Schuhe einzucremen,
dann brausse dich, füare Schuhe nich schäm.

Wixe – ist Schläge oder Prügel bekommen,
dann liechste da, so ganz benomm.

Wixgriffel – ist das sarkastische Wort für die Finger,
so nennt man halt, im Pott die Dinga.

Wo gehsse – heißt: Wohin gehst du?
Wat fraacht se denn, de blöde Kuh.

woll/Woll? – heißt: nicht wahr?
Un sachs et, am Ende vonnem Satz schomma.
Wolli/Wollitsch/Wollwott – ist Woolworth, das Kaufhaus,
da krisse allet, watte brauss.
Wonneproppen – ist das kleine, dickliche und süße Kind,
so wie Wonneproppm einfach sind.
Wöschers – das sind die großen Brüste einer Frau,
alz op man dat nich wüsste, stimmt, ganz genau.
Wotteln – sind die Möhren und Mohrrüben,
un se könn dat Bild nich trüübm.
Wucht – sind Prügel und Schläge beziehen,
bessa isset, der Wucht zu entfliehn.
Wumm – ist mit viel Energie und Kraft,
damit man seine Leistunk schafft.
Wuchtbrumme – ist die imposante, große, dicke Frau,
ker sonne Wuchtbrumme, kennich genau.
Wuast/tolle Wuast – ist die Wurst / schöne Bescherung,
dat is domma, ne Belehrunk
wullachn – ist schwer arbeiten, schuften oder wühlen,
danach lohnt et sich, de Kehle zu kühln.
Wumme – nennt man die Pistole,
damit foadert man: „Hea mitte Kohle"
wuppen – ist das heben, stemmen oder schaffen,
da tun de andren, ganz schöön gaffm.
Wuschlkopp – ist das lockige Haar, der Lockenkopf,
dat is schön krausich un kein Zopf.
wüsstich – heißt: das wüsste ich aber,
hömma dat wüsstich, dat is nua Gelaaba.
Wüüastken – ist das Würstchen, verniedlicht für Wurst,
ne schaafe kleine, macht trotzdem Duast.

Döneken zum -W-

Der *Willem* un ich saßne im heißn Somma untam Pawilljong beim Pilsken kippm, mitma spranga auf un is gegang, ohne nen Ton zu saagn. Da sarrich zum *Willem*: „Hömma, wo gehsse, *wat* hasse voa?", da sachta füa mich: "*Weisse*, ich gehma *wacka* den *Wackamann* aussm Gaatn umleegn, dat Dingen muss *wech*."

„Mamma nich de *Welle*", sachte ich, „du hass do ein anne *Waffel*. Bei dem Wetta im Gaatn *wullachn*, da kommze ins ööln, komma bei mich bei un sei nich so *wibbelich*." Jau, da kama wiaklich zurück un wir quasseltn nonne ganze Zeit, zischtn nochn paar pilskes un der Tach wa unsa Freund. Holla de *Waldfee*, da kam der *Walla* aus *Wanne*-Eickel in seina *Wimmelsquicke* mich besuuchn un der hatte sein Stöppke mit im Schlepptau. Der *Wuschelkopp* konnte nich still am sitzn bleim, dat Blaach wa nua am *wezzn*, denn er hatte ja neuje *Wackatreta* von Assidas bekomm un musste se unz voafüahn. De kleene *Wibbelfott* wa nur am *wibbeln*, biss et voll inne *Wickn* ging un er am plärren anfing. Denn der *Wonneproppen* hatte sich de *Wixgriffel* am Grill vabrannt, weila sich beim *wezzn* dranne abgestützt hatte un sonnst auffe Fresse gefloong wäar.

Der *Walla* wa voll duachn *Wind* un et is ihm voll auffe *Wampe* geschlaang un sachte:
„Ker du Dussel, wat hasse widda gemacht?, Komma hea un zeich mich de *Wixgriffel*. Zum Glück wa nix weita, also keine Vabrennung oda so anne Poote, dat wa nua der easte Schreck, *weisse*. Nua de neun *Wackatreta* vonnem Blaach waan schmuddelich, denn er is mit seinen Quanten inne *Wotteln* am *wullachn* geweesn un de *Wotteln* waan voaher frisch gegossn

161

woadn, vastehsse!? Da sachte der **Walla**: „Du olla **Waldheini**, kumma de Treetas an, wenn dat deine Mudda sieht, dann krisse abba rabotti. Se is ja nich umsonnst mit dich biss inne **Walachei** gefaahn um dich da inne **Wollitsch**, de neun Treetas zu holn. Da wiad se dich bestimmt füa va**wämmsen**, dat gibbt ne **Wucht**, dann hat de Fott Kiiames, weisse."

„Tolle **Wuast**, dat **wüsstich**", sachte ich „hömma **Walla**, dat krieng wa schon hin, dat der Bengl keine **Wixe** bekomm tut" un glotzte mich den Schisselameng mitte **Wackatreta** an. Dann sachte ich, dat ich ma eehmt rein bin un de **Wixbürste** holn tu, weil man den Modda gut **wechschruppm** kann.

Der **Willem** der **Waschlappm** wa schonn ganz **wispelich** im Kopp, der olle **Wispel** wa inne Gedankns bei sein **Wackamann**, deena noch aussm Gaatn räum musste, weila´n **Wisch** vom Vamieta bekomm hatte, datta bis übbamoaagn **wech** muss. Ich sachte in dem Moment zu meine Kumplz, dat de **Wüüastken** feddich sin un reingehaun weadn kann. Alle griffm zu un stopptm sich dat gegrillte im Kopp un spüültn et mit kühle Pilskes runna. Ker, damit der **Willem** sich kein Kopp machn musste, rief ich den **Wemmser** an un sachte im wat Ambach is un holte schomma den **Weiberarsch** ausse Hütte um den **Wackamann** ausgraam zu könn. Der **Wemmsa** kam au sofoat un brachte seine Olschka mit. Der **Wemmsa** is ja nen Töftn, nua der is leida Voabestraaft, weila ma zu Kaanevall de Seltabude aus Spässken mitte **Wumme** übbafalln hat.

Na is ja au egal, **woll**? Seine Olle is ne ganz nette, se is zwaa ne **Wuchtbrumme**, dafüa hattse ganz schööne **Wöschers** unta de Bluuse un futtat au geane **Wüüastkes** bei ne Pulle Bier. Ich sachte zum **Wemmsa**, alza kam, dat der **Willem** in schwulitäätn sei un sein **Wackamann** aussm Gaatn haabm muss un wir getz

162

ma alle mit *Wumm*, dat Dingem *wuppen* könntn. Also simma rübba un ham dat Dingen einfach eingegraam, jeeda hat ma den *Weiberarsch* inne Pootn genomm un et wa noch richtich töfte.

Weisse Bescheit, *Woll* !

Un wennze auma ein *Willi* bei dich am sitzn hass, der sein *Wackamann wech* ham muss, ruf den *Wemmsa* an, gibbin den *Weiberarsch* inne Pootn un marret dich mit seina *Wuchtbrumme* un ihre *Wöschas* in deine *Wimmelsquicke* gemüütlich, *weisse*.

-Z-

Zachel – ist das Messer und ein spitzer Gegenstand,
dae hasse oft, in deina Hand.
zackich – heißt: jetzt aber schnell,
machsse nich zackich, kisse auffs Fell.
zadeppan/zadöppan – ist das zerstören und zerschlagen,
dat soll sich ma eina, mit meine Plörren waagn.
Zahlemann – das ist das bezahlen,
musse wat lackn, dann krisse de Quaaln.
zapp/zappm – ist das Bier oder Pils zapfen,
nach sieem Minütkes, biss mitte Mauke am stapfm.
Zappelbunker/bude – ist ein Musikclub oder die Disco,
dat sachsse im Pott, zurem Schuppm so.
zappln – nennt man das unruhige sitzen,
da willze nich ruhich sein, dann willze flitzn.
zappenduusta – das ist dunkel oder aussichtslos,
isset zappmduusta, is de Muffe groß.

Zappes (jetzt ist) – heißt: Ärger, zu Ende, jetzt ist Schluß,
dat sacht man, wenn Zappes sein muß.

zappzerapp – das ist schnell, zackig und zackzack,
da macht sich so eina, schomma im Frack.

Zasta – nennt man das Geld, in rauen Mengen,
hasse viel Zasta, lässte Freunde nich hängn.

Zichte – ist im Ruhrpott die Zigarette
un wennze se viel rauchs, dann rauchse se Kette.

Zick – so nennt man im Ruhrpott die Ziege,
wennich ne Zick se, dann marrich de biege.

Zicke – das ist eine nörgelnde weibliche Person,
dat wa ja nich schwea un wusstesse schon.

Zicken (mach keine) – ist Unfug und Schwierigkeiten,
dat kann dich schomma, voll Stress bereitn.

zickich – ist störrisch, launisch und eigensinnig sein,
hömma, lass den Mensch, dann sofoat allein.

Ziepel – ist eine Person die man nicht leiden mag,
denn se is dösich un laabat quaak.

zieselmiesel – ist ein Ausdruck für krank und übel,
hömma da hängsse, oft übban Küübl.

Zigulle – nennt man den Kopf oder die Nase,
hasse ne Zigullenplättung, wa dat Kloppe mit Extaase.

Zimmerflag – nennt man das Insektenspray,
Oh mein Gott, dann is Ok.

zimmern – ist eine Ohrfeige oder ein Schlag austeilen,
ker dat kannze, do wohl peiln.

Zinken – das ist eine große Nase
un se schuppat alle Gase.

Zinnek – so nennt man den Säugling
un is dat kleene Menschn Ding.

Zipp und Zapp (mit) - heißt: mit allem was dazu gehört,
mit alln Zipp un Zapp, hat no kein gestöaat.

Zippalein – ist das Wehwehchen und der Schmerz,
ker dat isso un kein Scheaz.

Zippl – der Zipfel, das Ende der Wurst, ein kleines Stück,
krisse den Zippl, dann hasse Glück.

zippln/zuppln – das herumziehen, zupfen und fummeln,
ker da kommze, schomma inz grummeln.

zischn/zoschn – nennt man das trinken,
dann bisse im Allohol, wohl am vasinken.

Ziska – ist ein beleidigtes kleines Mädchen,
ach, se gibbtz im jeedn Stäädtchen.

zockeln/zöckeln – nennt man das langsame umherfahren,
dann kannze bessa laatschn un dich dat faahn spaan.

zocken – damit ist das Glück- oder Kartenspiel gemeint,
un wennze valiaas, wiad der Asche nachgeweint.

Zoff – ist der Ärger oder Streit
un Zoff entseht, meist aus Neid.

zoffn – das ist das zanken und streiten,
dat kann dich auma Stress bereitn.

Zoich – ist das Zeug, das kann vieles sein,
dann nimm dein Zoichs un lass mich allein.

Zoppel – ist ein Kaninchen oder Hase,
der kommt ine Rööhre, du olle Pappnase.

Zosche – ist ein kaltes Getränk aus der Flasche,
is meist Bier un zischt, dat is de Masche.

zoschn – ist das trinken oder sich betrinken,
un dazu ne Knifte mit Schinkn.

Zosse – das ist einfach nur ein Pferd,
das schmeckt alz Klöpse, frisch vom Head.

Zottel/Zotteln – das sind die Haare / lange Haare
se weadn länga, mitte Jaahre.

Zottlkopp – ist eine Person mit langen, strähnigen Haar,
der schonn lange, beiem Frisöör nich wa.

zu (du bist ja) – ist unrechnungsfähig / sehr betunken sein,
dann bisse zu un nich am schrein.

Zuch – ist der Zug oder der Durchzug,
wenn daduach, de Tür zuschluuch.

zugange – am arbeiten oder beschäftigt sein,
ker damit hallste, dich wat am Bein.

zuppn – ist das zupfen oder ein elekt. Schlag bekommen,
dann liechsse da un biss benomm.

Züntkerze – nennt man das Fläschen mit Magenbitter,
fällz et hin, dann gibbet Splitta.

Zwanni – ist salopp der Zwanzigeuroschein,
willze den nich haabm, dann issa mein.

Zwickel – war einmal das Zweimarkstück,
un zwei Euro, die ich getz apdrück.

zwiebln – dann tut weh und ist am schmerzen,
ker damit tut man, gaanich scheazn.

zwitschern – ist alkoholische Getränke konsumieren,
dat marrich gean, tuhs ma probiarn.

Zwirn – man auf den Geist gehen / der Sonntagsanzug,
der is zu eng, wenn man den voa Jaahrn truch

Zymtzicke – ist eine schnippische und meckernde Frau,
Hömma dat stimmt, dat weissich genau.

Döneken zum -Z-

Da musste ich einet Tachs meine Tochta Schennifa zum apfeian innen *Zappelbunker* faahn un sachte se beim aussteigen, datse keine *Zicken* machn soll. Hömma, da wuad se auf eima *zickich* un wollte *Zoff* machn. Da sarrich zu der *Zicke*: „Ker, getz is abba *zappenduusta* un halt ma den Ball flach. Wer *zockelt* dich denn imma umhea un tut allet, dat et dich gut geht tut?" Da

166

wuad se ruhich un besann sich, steckte sich ne *Zichte* an un sachte: „Hömma Vadda, willze au eine?" - „Nee", sacht ich, „ich muss *zackich* na Hause, mein Programm fängt gleich an un ich fang langsam am *zappln* an. Bis heute Nacht, um drei Uhr binnich widda da, um dich zu holn." - „Jau", sachte se un vaschwand. Ich bin dann *zackich* na Hause gegondelt un hap mich den *Zachel* aussm Schrank geholt un mich nen Kanten vom Brot apgeschnittn, nen *Zippl* vonne Fleischwuast un ein Stück Käse vonne *Zick* genomm. Pfleezte mich auffe Kautsch un machte de Glotze an. Meine Else, wa ja nich da, denn se wa ma widda mitte dulln Schwiegamudda untaweechs, um den ganzn *Zasta* auffm Kopp zu haun. Ich dachte mich; „ne *Zosche* unne *Zündkerze* kannze dich abba *zoschn* tun, bis um dreie inne Nacht is ja nowatt hin, woll", glotze ich mein Programm un pennte wie imma ein.

Irngswann kam meine Frieda na Haus un brachte meine Schwiegamudda mit, boah, de alte mach ich nich, wenn ich se schon seh, wiad mich *zieselmiesel*, vastehsse!? Der möcht ich ma ein auffe *Zigulle zimmern*, denn se nennt mich nich beim Naahm, sondann sacht imma *Ziepel* zu mich. Bei jeedm *Zippalein* isse am jamman un will zum Dok un wir *zoffn* unz au übba jedet noch so unwichtige *Zoichs*. Meine Else wiad dann au zua *Zymzicke* un geht mich auffm *Zwirn*. Meistens wennse kommt, geh ich mich inne Kneipe ein *zischn*, oda ne Runde *zocken*, nua heute gehdet ja nich, ich muss ja nomma zum *Zappelbude* meine *Ziska* apholn.

Mitma fing der *Zinnek* vonne Tochta am plärren an, der hatte nen ganz rootn *Zinken* un bekam schlecht Luft. Er hatte wohl *Zuch* gekricht un sich ne Eakältung eingefang un Schnuppm bekomm. Ich sachte meina Else, dat langsam *Zappes* inne Bude is un dat de Schreckschraube getz gehn soll, denn dat

Blaach schreit sich de Kehle aussm Halz un ihr seit nua am palaawan, wer von euch mehr an **Zahlemann** gemacht hat. Dat hat de Schwiegamudda dann m Glück vastandn un is mürrisch apgezischt.

De **Zotteln** vonnem **Zinnek** waan ganz duachgeööl un er musste mit allm **Zipp un Zapp** neu angezoong weadn. Meine Else un ich waan na ganze Zeit **zugange**, dat Blaach widda frisch zu machn. Der **Zottelkopp** bekam sein Kuschl **Zoppel** inne Flosse un pennte alzbald widda ein. Merine Else holte sich wat zum strickn un wa andauant dranne am **zippl** un **zuppln**. Dat ging mich auffm Sack un hap mein Radio ma nachgekuckt, op ich da nowatt machn kann, weilet nich mehr duudelte. Ich **zappte** mich ein Pilsken un nahm et zum repariean. Mitma bekam ich ein gezwitschert un ein **zuppn** inne Griffl. Hömma, dat wa am **zwiebeln**, zum Glück wa meine Else inne nähe un machte sich de Kloppse vom **Zossen** waam, wat vom Nammitach übba wa, sah dat un zooch wacka den Stecka un sachte nua: „Du olla Dööskopp, wat machsse fürn Schisselameng?"

Ich dachte mich, dat Dingen is getz eh Schrott un dat kannze ruhich **zadeppan**, füaren **Zwanni** holze dich dann moaagn ein neujet un gut is un schmiss dat Radio inne Tonne. Alz ich widda inne Bude kam, wa da ne dicke Brummse anne Wand, ich wacka de **Zimmaflak** geschnappt un da Ding apgeschossn, bevoa de Else se sieht un widda nen Anfall kricht. Noch annathalp Stündken inne Glotze kuckn, dann kannich meine Tochta, de olle **Zicke** au apholn. Alz de Zeit kam, binnich zum **Zappelbunker** na Boochum un hapse eingesackt, se stiech ein un wa voll **zu**. Se wa sich gut ein am **zwitschern**, sachte se un musste pro Longdrink nua nen **Zwickel** lackn. „Töfte", sachte ich un **zöckelte** los. Hömma, wie imma binnich dann extra

168

dreima ummen Kreisvakehr kutschiert, damit sich meine Tochta so richtich *zieselmiesel* fühln tut, weisse.

Hömma, zum Schluß nowatt:

Wenne ne **Zymtzicke** hass, de mittn **Zwanni** im **Zappelbunker** gehn tut un dann nua pro Gertänk n´ Zwickel lackt, dann wa se gut am *zwitschern* un is Hacke voll. Da kannze se dann apholn un na Hause *zöckeln*. Hauptsache is, se geht dich nich auffm **Zwirn** un macht **Zicken** un **Zoff**, ansonnstn is *zappenduusta* un se kann *zichkich* wie se is, zu Fuß na Hause laatschn.

Ich hoff euch hat dat Wöatabüsken gefalln, sonnz wüadet ihr dat ja hia, ja nich mehr leesn tun, nä. Hömma, et wär ächt töft, wenna dat Wöatabücksken weitea empfeehln wüadet un dat Ruhrpottisch in eujen Woatschatz aufnem tut.

Biss dahinne,
Tüsskes un Glück auf

Euja Micha